Gott unfassbar groß denken

Johannes Warmbrunn

Gott unfassbar groß denken

Geborgenheit im ganzheitlichen Glauben

Matthias Grünewald Verlag

Für
Ulrike
Alexandra
Sebastian
Veronika †

Inhalt

Vorwort	7
I. Die Welt im Allerkleinsten	21
Zu Beginn ein Bild zur Ganzheitlichkeit	22
Denken in klaren Grundsätzen	25
Die Wirklichkeit kennt keine Grenzen	26
Die Wissenschaft sucht nach Neuem und Weitem	29
Unser logisches Denken stößt an enge Grenzen	31
Ein einfaches Bild der damals neuen Erkenntnisse	32
Wir nehmen nur einen winzigen Teil des Ganzen wahr	34
Alles ist im Wandel	37
Vom Urknall bis jetzt	40
Fundamentale Wechselwirkungen binden und ordnen	42
Nahezu Unvorstellbares ertragen lernen	52
Alles besteht zugleich aus Geist und Materie	54
Wirkpotenziale als grundlegendes Gestaltungsprinzip	56
Alle Wirkpotenziale bilden ein umfängliches Prozessgeschehen	58
II. Ganzheitliches Leben im Alltag	63
Grundwirklichkeit und Weltwirklichkeit	63
Abkehr vom linearen Denken	67
Wandlung im Denken	69
Lebendig oder nicht – alles ist miteinander verbunden	72
Ganzheitliches Denken hat elementare Bedeutung	76
Freiheit ist ohne Verantwortung undenkbar	78
Leben – mehr als Erleben zwischen Geburt und Tod	82
Leben – ganzheitliche Prozesse mit allen Sinnen	84
Musik – ganzheitliches Zusammenwirken	86

Beispiel Erbkrankheiten	87
Kommunikation in Organstrukturen	89
Beispiele für ganzheitliche emotionale Beziehungen	92
Bewusstsein und Vernunft als ordnende Instanzen	95
Leben in Freiheit aus Verantwortung	97
Beziehungen – nur teilweise wissenschaftlich erfassbar	99
Empathie – Schlüssel zum menschlichen Miteinander	100
Lebensphasen – Zusammenspiel im dynamischen Wandel	102
Tod – Wandlungsgeschehen hin zum Frieden	106
Ganzheitliches Denken – es kommt auf jede und jeden Einzelnen an	110
III. Ganzheitliche Glaubensperspektiven	117
Gott – ein guter Namen für das unfassbar Große	117
Gott und seine Schöpfung – freiwillige Teilhabe an seiner Allmacht	120
Der Zufall entfaltet keine unbegrenzte Schöpfungskraft	122
Freiheit im Denken ist Teilhabe am Schöpfungsgeschehen	125
Dreifaltiger Gott	128
Geborgenheit in der Teilhabe an der ganzen Schöpfung	131
Das Johannesevangelium und das Glauben im ganzheitlichen Denken	134
Sterben, Tod und Auferstehung Jesu	144
Unvollkommenheiten gegenseitig vergeben	147
Großzügig, freimütig, selbstlos, hingebungsvoll	149
Anmerkungen und Literatur	157
Über den Autor	165
Danksagungen	166

Vorwort

In Gesprächen über Glauben und Wissen begegnen mir immer wieder Menschen, denen angesichts der Erkenntnisse und grandiosen Erfolge der Wissenschaft, insbesondere in den naturwissenschaftlichen Disziplinen, der Glaube an Gott als fremd, überflüssig, ja mitunter geradezu als peinlich erscheint. Der Glaube widerspreche nach ihrer Ansicht der Vernunft. Alles, so sagen sie, könne mit den bekannten und bewährten Naturgesetzen erklärt werden, wenn nicht jetzt, dann wohl in absehbarer Zukunft. Ein Glaube überhaupt und insbesondere an Gott sei weder plausibel noch erforderlich. Hinzu kommt meist auch der Hinweis, dass angesichts des Elends in der Welt von der Gegenwart eines Gottes wohl nicht auszugehen sei, schon gar nicht der eines gütigen Gottes. Ein Gott, der all das Schlimme zulasse, sei entweder grausam oder unfähig oder gar beides. Glauben sei demnach etwas für unverbesserlich Gestrige oder begründe gar, noch schlimmer, in vielerlei Hinsicht die Gewalt in der Welt. Und schließlich könne man sich eine Bevormundung durch die Kirchen erst recht nicht gefallen lassen. Die Kirchensteuer sei ohnedies nicht mehr zeitgemäß. Und dann die vielen Botschaften in der Bibel, die so gar nicht nachvollziehbar sind! Schöpfungsgeschichte, Jungfrauengeburt, Gott als Mensch. Sind das nicht Erzählungen, Märchen, die vor dem Hintergrund naturwissenschaftlicher Erkenntnisse als abwegig zurückgewiesen werden müssen? Der Mensch kommt doch aus dem Nichts und verschwindet im Nichts, oder?

Ich bin Christ und ich sage ja zu Gott. Seit Jahrzehnten beschäftige ich mich mit Fragen des Glaubens und kenne natürlich die genannten Argumente. Für mich spricht vieles für die Wahrheit meines Glaubens an Gott.[1] Sind es nicht vor allem die zahllosen Engagierten, die seit rund zweitausend Jahren tagaus, tagein im Stillen ihren Dienst für benachteiligte Menschen verrichten oder energisch in der Öffentlichkeit für sie und für ihren Glauben eintreten? Die sich einsetzen für Frieden, Gerechtigkeit, für Kinder und für ältere Menschen, für Kranke, Benachteiligte, für an Hunger und Einsamkeit leidende Menschen und für einen sorgsamen Umgang mit den Schätzen dieser Erde? Die für das Schöne und Inspirierende arbeiten, die den Menschen mit ihrer Kunst eine Freude bereiten und zum Denken anregen wollen? Und auch die, die für den Fortschritt arbeiten, an kleinen und großen Zielen und Visionen, die an ihrem Platz im Leben etwas in unserer Welt besser, letztlich zum ganz allgemein gedachten Guten hin gestalten wollen? Widerlegen sie nicht geradezu beweiskräftig die Annahme, dass wir Menschen aus dem Nichts kommen und im Nichts verschwinden, irgendwie sinnlos dahintaumeln am Rand des Universums? Nein, es gibt etwas Unbegreifliches, Unermessliches, Unerreichbares, aus dem wir hervorkommen und auf das wir hinleben! Wir Menschen dürfen uns nicht mit Gott vergleichen, um Gott dingfest zu machen, für uns verträglich, heimelig, gemütlich – oder um aus dem Vergleich mit Gott weltliche Machtansprüche abzuleiten. Für mich ist daher von entscheidender Bedeutung, eine Vorstellung zu entwickeln, die in angemessener Form der unfassbaren Größe Gottes und seiner Liebe gerecht wird. Nur so ist der Titel dieses Buches zu verstehen.

Es geht mir genauso wenig darum, die bereits vielfach an anderer Stelle bekräftigte Vereinbarkeit von Glauben und Wissen erneut zu belegen. Zahlreiche, durchaus anschauliche Darstellungen auf der Grundlage aktueller naturwissenschaftlicher Erkenntnisse können mit der Botschaft verknüpft werden, dass es zwischen dem Glauben an Gott und aktueller Wissenschaft keine wirklich stichhaltigen Widersprüche gibt. Ich meine: Es besteht sogar eine gegenseitig durchwirkende Verbindung! Würde daraus eine Plausibilität abgeleitet, wäre dies allerdings keineswegs das allein Entscheidende. Viel wichtiger ist, dass die aktuellen naturwissenschaftlichen Erkenntnisse dazu dienen können, gute Gedanken und ein Gefühl für die Stimmigkeit von Zusammenhängen im Ganzen und damit für die Größe Gottes und seines Wirkens zu gewinnen. Es sind eben dann nicht die kalten technischen Abläufe, die unsere Welt zu einer Maschine machen, in der ich vorübergehend wie ein Roboter auftauche und wieder verschwinde. Kern meines Anliegens ist eine Sichtweise von einer ganz und gar unser Leben umfassenden Wirklichkeit. Daraus entsteht keineswegs das Bild einer süßlichen Harmonie. Die Probleme in all ihren Schattierungen gehören wie das tragisch Unausweichliche dazu und sollen nicht ausgeblendet werden.

Ich will die wichtigsten Gründe für mein Anliegen benennen. Es gibt nach meinen Gesprächen über Gottesvorstellungen eine Art »Zwei-Blasen-Wahrnehmung«, die oft geradezu mit Zähnen und Klauen verteidigt wird. Sie besagt, dass der eigene Wahrnehmungsbereich die Wahrheit ist und damit meist auch etwas Besonders und Gutes darstellt. Dieser Bereich grenzt sich klar von anderen Wahrnehmungsbereichen ab und ist gefälligst nicht in Frage zu stellen. Und so richten wir uns ein und kultivieren die eigene Wahrheit und Wirklichkeit mit einer Vielfalt von Abschottungsformen, etwa in der Anwendung bestimmter Sprachwendungen, Formeln und Rituale. So lässt es sich in vermeintlich guter und stimmiger Weise in der eigenen Identität leben. Dass diese Blasen-Welten keineswegs immer gemütlich sind, wird in der Geschichte der Menschheit an zahlreichen Stellen sichtbar, bis in die jetzige Zeit. »Wer spaltet, outet sich als

Schwächling«, lautet ein geflügeltes Wort in der Psychologie und Psychotherapie. Um Spaltungen aufrecht erhalten zu können, kommt es nicht nur bei einzelnen Individuen zu vielen zwischenmenschlichen Verletzungen, zwischen Gruppen, ja Nationen sind es Terror und Kriege um den vermeintlich wahren Glauben. Rückblickend ist damit viel Energie äußerst kontraproduktiv fehlplatziert worden. Ich will daher für eine Kultur der weiten, ganzheitlichen Vorstellungen werben, in denen vor allem Konsequenzen eigenen Denkens und Handelns bedacht, in konstruktiver Weise berücksichtigt und in positive Energie gewandelt werden. »Glauben ist Privatsache«, meinen manche. Ich bin davon überzeugt: Glauben ist weder privat noch eine Sache.

Mit Blick auf die christlichen Kirchen ergibt sich ein weiteres Motiv. Es hat sich im Lauf der Jahrhunderte eine Gottesvorstellung entwickelt, die sehr auf menschliche Personen, vor allem auf die Person Jesu hin ausgerichtet wurde. Der allgemein in der Christenheit bekannte Glaubensgrundsatz zur Dreifaltigkeit Gottes ist dabei zuletzt allzu sehr unter die Räder geraten. Jesus hat den biblischen Zeugnissen zufolge von Gott als »Vater« gesprochen. Selbstverständlich ist kein alter Mann auf den Wolken gemeint! Oder doch? Eine evangelische Frauengemeinschaft hat einmal nachgezählt, dass in der Bibel etwa siebentausendmal der Begriff »Herr« auftaucht.[2] Nun ist auch mir bekannt, dass mit »Herr« regelmäßig »Gott« gemeint ist. Warum aber dann so oft der Begriff »Herr«? Sogar der Heilige Geist wird im großen christlichen Glaubensbekenntnis als »Herr« bezeichnet. Die häufige Verwendung dieses Wortes und der zugrunde liegenden Vorstellung macht etwas mit den Menschen. Und so werden Widerstände laut. Ist Gott dann vielleicht eine Frau? Oder eine queere Person? Wenn nicht ganz, dann wenigstens anteilig?

Hinsichtlich der Gottesvorstellungen hat die 2023 veröffentlichte 6. Kirchenmitgliedschaftsuntersuchung aufgezeigt, dass nicht nur der Glaube an Gott insgesamt, sondern an einen personalen Gott in den vergangenen Jahrzehnten deutlich im Schwinden begriffen ist. Damit wird für mich eine Kernfrage angesprochen. Denn immer mehr wird deutlich, dass eine vorwiegend personale Gottesvorstellung in Verbindung mit einer spirituell verbrämten, weltlichen Machtausübung geradezu toxisch wirken kann. Trotz des Bekenntnisses zum dreifaltigen Gott haben wir Christinnen und Christen aber in der Verkündigung und Feier unseres Glaubens vorrangig und sehr konkret den menschlich-personalen Gott vor Augen, Jesus Christus, der sich aber nie selbst als alleinigen Gott bezeichnet hat. Den von ihm so benannten Vater sehe ich als urgründiges Schöpfungsgeschehen, für niemand einsehbar und verstehbar. Der dreifaltige Gott schafft und erhält die Schöpfung aus Liebe. Aus ihr geht alles hervor, auch Jesus Christus, der im Heiligen Geist empfangen zu uns als Gottes Sohn gesandt wurde.[3]

Nun ist es gewiss nicht falsch, die Person Jesu besonders hervorzuheben. Er ist als wahrer Mensch und wahrer Gott für uns der konkrete Gottessohn, der »Gott des Gegenüber«. Seine Botschaft an uns ist Gottes lebendiges und befreiendes Wort. Daran glaube ich und das ist auch vielen Gläubigen sehr wichtig. Jesus war und ist unser Bruder, Freund, Wegbegleiter, Leidender, Gekreuzigter, Begrabener, Auferstandener. Kein weltlicher König hoch zu Ross. Mit dem Wirken von Jesus in der Welt kann keine absolute Monarchie in der Welt begründet werden, niemals und nirgends.[4] Wenn Monarchien irgendwo noch gerechtfertigt sein sollten, müssen ihre Repräsentantinnen und Repräsentanten in ihren Haltungen und im Auftreten erlebbar und authentisch wertschätzend, ja liebevoll miteinander und mit ihrem Volk umgehen.

Mir kommt es primär auf innere Haltungen und die damiteinhergehenden Verhaltensweisen an. Warum schreibe ich das hier? Ich bin schließlich nicht in der Lage, in den Themenbereichen, die hier zentral berührt sind, als Spezialist aufzutreten. Vielleicht ist das aber ganz gut so. Ich muss niemandem etwas beweisen. Ich bin beim Schreiben dieser Zeilen primär engagierter Christ, Familienmensch, aber auch Arzt, Facharzt für Psychiatrie und Psychotherapie und ehemaliger Mitarbeiter in einer Regierungsbehörde. In meinem erlernten und auch ausgeübten Beruf spielt die ganzheitliche Sichtweise eine herausragende Rolle. Sie besagt, dass Körper und Psyche oder Leib und Geist gedanklich allenfalls künstlich oder vordergründig getrennt werden könnten. In Wirklichkeit und in der praktischen Arbeit ist das nicht sinnvoll und als Methode gänzlich ungenügend, sowohl in einer Therapie als auch im politischen Wirken. Entscheidend ist nun: Diese Erkenntnis des Sinns einer ganzheitlichen Betrachtung betrifft nicht nur Körper und Psyche oder Leib und Geist, sondern im Grund alles, auch unser alltägliches Leben – in jeder Beziehung.

Der Fachbegriff hierfür lautet »Metaphysik« und besagt, dass es neben der mit unseren Sinnen erfassbaren Realität auch eine erweiterte Wirklichkeit gibt, die zwar nicht messbar, aber denkbar, erlebbar, spürbar und unseren sprachlichen Möglichkeiten entsprechend auch beschreibbar ist. Glaubende Menschen haben den Auftrag, im übertragenden Sinn Salz der Erde zu sein und so das irdische Leben der Menschen in guter Weise zu würzen. Es geht auch in dieser Hinsicht um die angemessene Dosis, den Unterschied zwischen Salz und Gift. Salz zu sein bedeutet, aus den erkenn- und spürbaren Haltungen und Verhaltensweisen heraus die Atmosphäre in unseren Gemeinschaften maßgeblich zu prägen.

Ich wünsche mir, dass wir uns hin zu einer freiheitlichen und ganzheitlichen Gottesvorstellung bewegen und nehme diesbezüglich in Gesprächen durchaus positive Resonanzen wahr. Es war dereinst ein Fehler der Kirchen, eine Grenze zwischen der Welt der (Natur)Wissenschaften zu ziehen und eine eigene »Glaubensblase« zu bilden, in der Glaubensinhalte über aktuelle wissenschaftliche Erkenntnisse gestellt wurden.[5] Trotz oder gar ungeachtet der mittlerweile grundsätzlich vollzogenen Korrektur werden wissenschaftliche Erkenntnisse von den Kirchen nicht immer vorbehaltlos akzeptiert. Das weckt naturgemäß Widerstände und so vermitteln die (Natur)Wissenschaften immer wieder das Bild, nur sie seien in der Lage, die Welt umfassend zu erklären, nahezu ungestört, denn warum sollte man sich auch mit mehr befassen? Das hat dazu beigetragen, dass sich in der Bevölkerung zusehends eine Auffassung verfestigt, angesichts der Leistungen der Wissenschaften erübrige sich der Glauben an Gott. Eine freiheitlich und ganzheitlich formulierte trinitarische Gottesvorstellung, durchaus eng an naturwissenschaftliche Erkenntnisse angelehnt, eröffnet indessen große Chancen für ökumenische Fortschritte, sogar über die Christenheit hinaus. Gerade in der westlichen Welt sollte daher darüber ein vertiefter Diskurs geführt werden.

Denn unser westlich geprägtes Denken kann weit, offen, allen Menschen und der ganzen, uns sinnlich zugänglichen Welt gegenüber zugewandt gestaltet werden. Eine ganzheitliche Sichtweise mag die Menschen vielleicht anfangs beunruhigen, da mit ihr vermeintlich klare Konturen verschwimmen und Gewohntes sich aufzulösen scheint. Nach einer gewissen Eingewöhnung kann dieses Denken jedoch mit Freude erfüllen und zu einer inneren Ruhe führen, die weder produzierbar noch käuflich ist. Ein weiter, großzügiger Blick richtet sich dabei nicht nur auf enge Verwandte, Freundinnen und Freunde, auf gute Bekannte und freundliche Kolleginnen und Kollegen. Er bezieht auch Menschen ein, die zunächst fremd erscheinen, die weit weg leben und scheinbar nichts mit einem zu tun haben. Ja, es gehören auch die dazu, die uns feindselig gegenübertreten. Die Weite des ganzheitlichen Denkens ist auch im engeren Sinn »natürlich« und sie gilt immer und überall. Alles, was wir in der Natur, der Welt und im Kosmos erleben, ist einbezogen. Und vor allem beschränkt sich die Ganzheitlichkeit nicht allein auf das Denken. Es gehört auch alles andere dazu, insbesondere das Fühlen und Handeln; wir alle nehmen am Ganzen teil und nichts bleibt im Ganzen ohne Wirkung.

Vor allem aber: Ein Denken ohne Metaphysik geht nicht nur mit einer reduzierten Sichtweise einher, sondern birgt auch erhebliche Gefahren. Der geistige Horizont wird eng, kleinlich und anfällig für Versuchungen, die letztlich nur wenigen Menschen Vorteile bringen, die daraus Profite schlagen. Ein aus dem Nichts und zufällig geborenes Leben, das schließlich mit dem Tod im Nichts zerfällt, unterliegt der Versuchung, das Prinzip der Überlegenheit des Stärkeren gegenüber dem Schwachen zum Maßstab aller Entscheidungen zu machen. Hintergrund mag die Angst sein, zu Lebzeiten zu kurz zu kommen. Ich bin dagegen fest davon überzeugt, dass ich mir mit der Freiheit und Weite des Denkens eine Überfülle an Möglichkeiten erschließen kann, um möglichst viel Gutes fruchtbar machen. Jedem Menschen, der aus einer ermöglichten Fülle des Guten schöpft, kann wiederum andere Menschen daran teilhaben lassen und es damit im eigenen Umfeld und in der Welt vermehren, durchaus auch zum eigenen Gewinn. Das ist die vorrangige Aufgabe, vor der wir alle stehen. Und schließlich bin ich davon überzeugt, dass nach dem Tod das Gute nicht verloren geht und Schlechtes zum Guten gewendet werden kann.

Letzten Endes bedeutet das für mich: Naturwissenschaftlich begründete Modelle und Vorstellungen sind nicht nur mit dem Glauben an Gott vereinbar, sondern sie gehen aus Gott und seinem schöpferischen Wirken hervor. Zwar kann niemand die Existenz Gottes beweisen und so ist auch ein naturwissenschaftlich begründeter Versuch eines Gottesbeweises abzulehnen. Eine ganzheitliche Wahrnehmung der Wirklichkeit kann jedoch nicht nur mit dem aktuellen Wissen gut in Einklang gebracht werden, sondern den Blick entscheidend weiten. Daher ist es sogar naheliegend, eine ganzheitliche Wahrnehmung einzuüben und mit dem Glauben an Gott in Verbindung zu bringen. Ich stütze mich auf die phänomenalen und epochalen Forschungsergebnisse des 20. Jahrhunderts. Warum sollte ich auch nicht auf dieser Grundlage zu einer offenherzigen Weltsicht gelangen und damit wieder näher an eine ganz selbstverständliche Gottesbeziehung herangeführt werden? Nur daran liegt mir, und nur das will ich mit meinen Gedanken und der von mir entworfenen Erzählung erreichen.

Klarstellen will ich auch, dass ich selbstverständlich andere Weltanschauungen und Glaubensrichtungen respektiere, wenn die aus der Menschenwürde abgeleiteten Grundrechte eines jeden einzelnen Menschen und der gesamten Menschheit geachtet werden. Allerdings muss sich kein gläubiger Mensch seines Glaubens an Gott schämen oder sich gar deswegen verstecken. Er muss auch nicht das Gefühl haben, mit seinem Glauben nicht auf der Höhe der Zeit zu sein. Das Gegenteil ist der Fall! Der Glaube an Gott ist fortschrittlich und zeitgemäß, er kann in besonderer Weise den Blick ins Weite öffnen.[6] Warum sollten wir uns daher mit weniger zufriedengeben? Für mich gilt: Eine ganzheitliche, offene und großzügige Wahrnehmung der Wirklichkeit mit dem Glauben an Gott erlebe ich als hilfreich, ja sogar als schön und sie hat mich in meinem Leben in vielerlei Hinsicht weitergebracht. Sie hat mir nicht zuletzt eine stille, aber tiefgründige Freude geschenkt, die zu erleben ich zuvor nicht für möglich gehalten hatte. Den damit verbundenen Gewinn an Lebensqualität möchte ich mit anderen Menschen teilen.

Trotz meines lebhaften Interesses an den naturwissenschaftlichen Fachgebieten, schon allein von Berufs wegen, bin ich selbstverständlich nicht in der Lage, in diesem kleinen Werk die umfangreichen und detaillierten Erkenntnisse in den in diesem Zusammenhang relevanten Wissensgebieten, so wertvoll sie auch sein mögen, in den Mittelpunkt zu stellen; das ist ausdrücklich nicht mein Anliegen. Deswegen habe ich kein Lehrbuch verfasst, sondern eine Erzählung über meinen Glauben aufgeschrieben; sie kann und soll auch nicht den wissenschaftlichen Ansprüchen von Expertinnen und Experten in den berührten Fachgebieten genügen. Meine Erzählung enthält vielmehr Beschreibungen, die als Bilder zu verstehen sind. Bilder geben ja nie die Realität exakt wieder, sie können auch verfremden. Nicht selten sollen sie sogar befremden und zum Nachdenken auffordern! Sie können auch zum Widerspruch ermuntern! In diesem Sinne bitte ich meine Gedanken als Anregung zur Betrachtung meiner Vorstellungen zu verstehen.

Ich bin mir dessen bewusst, dass viele Fachleute damit nicht zufrieden sein können, weil notwendigerweise etliche Aspekte ihres Fachgebietes nicht gründlich genug und vor allem auch nicht mit den in der Wissenschaft eingeführten Fachbegriffen abgehandelt werden können. Ich bestreite nicht, dass derlei wissenschaftliche Einordnungen und Begründungen wichtig oder bei Arbeiten an grundlegenden wissenschaftlichen Fragestellungen ganz und gar unverzichtbar sind. Die Unzulänglichkeit einer stark vereinfachten Darstellung nehme ich gerne in Kauf, wenn ich damit Menschen erreichen kann, denen der Zugang zu diesem Wissen sonst nur sehr schwer oder sogar überhaupt nicht möglich wäre. Ich halte das auch deswegen für vertretbar, weil es mittlerweile glücklicherweise zahlreiche und ausführliche Veröffentlichungen gibt, anhand derer sich Interessierte mit dem Thema näher befassen und das eigene Wissen in den naturwissenschaftlichen und geisteswissenschaftlichen Disziplinen erweitern und vertiefen können. Hierzu sollen auch meine Anmerkungen zur weiterführenden Literatur anregen, von der ich selber in hohem Maße profitiert habe.[7]

Mein Ziel ist, den Stand des Wissens in seinen Grundzügen möglichst anschaulich darzustellen und mit meinen Glaubensinhalten in eine gute, für mich stimmige Beziehung zu bringen. Es ist notwendig, diese von anderen abweichenden Formen der Erzählungen mit Begriffen zu versehen, die zunächst ungewöhnlich erscheinen mögen. Ich möchte darum bitten, sich trotzdem darauf einzulassen. Mir ist dabei besonders wichtig, meine Beschreibung in einer vereinfachten Sprache abzufassen, die weitgehend mit Vergleichen oder Modellen arbeitet. »Vereinfachte Sprache« bedeutet, dass ich die mir vor Augen stehenden Bilder beschreibe und auf mathematische Formeln verzichte. Außerdem kann und will ich in dieser kleinen Schrift auch nicht im Detail auf grundlegende Lehrauffassungen, Forschungsergebnisse und Experimente in den hier angesprochenen wissenschaftlichen Fachgebieten eingehen. Es geht mir, dies sei nochmals betont, den gegenüber meinen Gedanken aufgeschlossenen Menschen Denkanstöße mit auf den Weg zu geben, Hilfen bei der Bewältigung ihres Alltags zu eröffnen und Anregungen in Fragen der Weltsicht zu geben, so wie ich es selbst erlebt habe. Daher stelle ich meine Bilder aus meiner Alltagswelt in der Hoffnung vor, dass sie in dieser Form für viele Menschen leichter zugänglich sind.

Deswegen sei nochmals betont: Meine Darstellung bringt meine persönliche Sichtweise zum Ausdruck, die – so hoffe ich – auch anderen Menschen als Quelle und Impulsgeber für ihre eigene Weltsicht dienen kann. Dabei müssen Hürden überwunden werden, und diese Hürden sind nicht niedrig! Es darf nicht verschwiegen werden, dass eine ganzheitliche Wahrnehmung mitunter voraussetzt, alte Denkgewohnheiten aufzugeben. Es gibt sicher auch Kritik, die für die Auseinandersetzung über diese wichtigen Themen hilfreich sein kann. Dafür bin ich schon jetzt dankbar und sehe Anregungen, die dann Eingang in weiterführende Überlegungen und Darstellungen finden können, mit Interesse und Freude entgegen.

Ich greife in meiner Darstellung unter anderem auf Erkenntnisse aus der Physik zurück. Daraus leitet sich in der elementarsten, uns zugänglichen Begründung der aktuelle Stand unseres Wissens ab. Damit verbunden sind zahlreiche und vor allem weitreichende Konsequenzen für unsere bildlichen Vorstellungen von der Welt. Es geht um eine Interpretation für die ganze Wirklichkeit und nicht allein um Erscheinungen, die nur einen Teil von ihr abbilden, was ich bereits mit dem Begriff »Metaphysik« umschrieben habe. Wenngleich ich mit dem vorliegenden Buch die Sicht eines Laien einbringe, dürfen die Leserinnen und Leser darauf vertrauen, dass ich nach bestem Wissen und Gewissen recherchiert und alles sorgfältig geprüft habe. Ich habe in dieses Werk die Arbeit von Wissenschaftlerinnen und Wissenschaftlern einbezogen und wichtige Anregungen daraus geschöpft; ihren intellektuellen Leistungen gelten mein uneingeschränkter Respekt und meine ausdrückliche Hochachtung; selbstverständlich verweise ich auf die von mir verwertete Literatur.[8] Ich orientiere mich an den für mich zukunftsfähigen Gedanken aus der Prozessphilosophie und Prozesstheologie. Ich versuche, ein Bild für den sogenannten Panentheismus zu entwickeln, der von schöpferischem Wirken des dreifaltigen Gottes in allem und mit allem ausgeht.

Namensnennungen höchst berühmter Persönlichkeiten finden sich im Literaturverzeichnis, im Fließtext habe ich darauf verzichtet und mich auf eine Beschreibung ihrer wahrlich bahnbrechenden Erkenntnisse beschränkt. Dies soll ausschließlich der Konzentration auf das Wesentliche dienen und ist durchaus gewagt, dessen bin ich mir bewusst. All diejenigen, die sich dadurch brüskiert fühlen mögen, bitte ich deswegen um Nachsicht.

Mir freundschaftlich verbundene Fachleute habe ich außerdem um kritische Bewertung gebeten. Wegen dieses Hintergrunds gehe ich davon aus, dass trotz meiner bildlichen Darstellung meine Gedanken grundsätzlich dem Stand gegenwärtiger Erkenntnisse entsprechen, auch wenn die durch Vereinfachungen unvermeidlichen Unvollkommenheiten dabei in Kauf genommen werden müssen.

Wesentliche Impulse für dieses kleine Werk entstammen meinem alltäglichen Leben in Familie, Ehrenamt und Beruf. Ich bin dankenswerter Weise vielen eindrucksvollen Menschen begegnet und betrachte die damit verbundenen Erfahrungen als große Kostbarkeit. All dies spielt bei meinen nachfolgenden Überlegungen eine Rolle, und ich habe es in diesem kleinen Werk verarbeitet. Allen, die mich dabei unterstützt haben, danke ich an dieser Stelle aus ganzem Herzen.

Ich wünsche Ihnen bei der Lektüre inspirierende, vielleicht auch neue Einblicke in Zusammenhänge zwischen Wissen und Glauben. Mögen Sie dadurch in gleicher Weise lebendige Ermutigungen, vielleicht auch stärkende und tröstende, ja beglückende Erfahrungen gewinnen, so wie ich das selbst beim Verfassen dieser Gedanken erleben durfte.

Dieses kleine Werk widme ich in Liebe meiner Frau Ulrike und unseren Kindern Alexandra, Sebastian und Veronika †.

I. Die Welt im Allerkleinsten

Gelegentlich stelle ich in Gesprächen über Gott oder über den Sinn des Lebens die Frage: »Was meinst Du, ist Gott ein Mann?« Nicht selten erlebe ich dann bei an Gott glaubenden, christlich geprägten Menschen eine gewisse Verwunderung. Es wird bei dieser Frage realisiert, dass tatsächlich beim Denken an Gott nahezu immer zunächst der Gottessohn und Wanderprediger Jesus vor Augen ist, zuweilen auch Gottvater, als alter Mann mit Bart im Himmel, entsprechend einem Bild von Michelangelo in der Sixtinischen Kapelle im Vatikan. Nach kurzem Nachdenken wird meist beteuert, dass es da »noch etwas Höheres« gibt. Dennoch: Ganz besonders wichtig ist das »Gegenüber«, mit dem konkret ein Kontakt im Gespräch, im Gebet und auch in einer bildhaften Wegbegleitung durch das Leben möglich wird. Das »Gegenüber« und das »Höhere« bildet sozusagen eine »eigene Welt«, in der der Glauben mehr oder weniger intensiv gelebt wird. In der »anderen Welt«, die sich spätestens seit der Aufklärung aufgetan hat, findet der Alltag statt, der nach eigenen Gesetzen abläuft, ohne Gott. Und weil diese Welt sich mit wissenschaftlichen und technischen Fortschritten immer mehr in den Vordergrund drängt, einhergehend mit wachsenden Anforderungen, Zwängen und Einengungen einerseits, andererseits aber auch mit kulturellen, unterhaltsamen und genussreichen Angeboten, hat der Glaube mittlerweile an Relevanz verloren und sich bei vielen Menschen sogar ganz verflüchtigt. Sie sind in eine gedankliche Mühle geraten, die sie wie in einem Hamsterrad in Bewegung hält. In ihr ist Liebe ein Produkt von Verschaltungen im Gehirn und Ergebnis der Wirkung von Hormonen. Freude, Gesundheit, Genuss, innere Zufriedenheit und Sicherheit sind nur durch Konsum, Leistung und Anstrengung zu gewinnen. Grundsätzlich erscheint alles machbar und nur starke Männer können es machen. Eine Welt, in die die Menschen aus dem Nichts durch Zufall hineingeworfen wurden und aus der sie durch zufällig eintreffendes Schicksal einstens wieder herausgerissen werden, sie verschwinden im Nichts. Es gilt, möglichst viel mitzunehmen in der knapp bemessenen Zeit – es könnte bald schon alles vorbei sein! Ist das wirklich der Sinn des Lebens?

Ich will diese beiden Welten wieder miteinander in Einklang bringen, sozusagen versöhnen. Gegensätze und Widersprüche werden dadurch nicht ganz und gar aufgelöst. Aber es gibt umfassende innere Zusammenhänge, die vieles erträglicher machen. Ich meine, dass dadurch ein innerer Frieden erreicht werden kann, der kein Geld kostet und jederzeit verfügbar ist. Der Aufwand, dorthin zu kommen, ist überschaubar. Allerdings wird ein gedanklicher Wanderweg vorausgesetzt, der ein wenig steinig und mühsam sein mag. Jedoch: Nach meiner Erfahrung lohnt es sich!

Zu Beginn ein Bild zur Ganzheitlichkeit

Es war Anfang der 1970er Jahre. Ich war Schüler am Gymnasium und wir hatten Unterricht im Fach Physik. Mehr so nebenher konfrontierte uns unser Physiklehrer mit einem kleinen Gedankenspiel, das mich bis zum heutigen Tag bewegt, ja geradezu in Bann hält: »Stellen Sie sich vor, Sie blicken in ein riesiges Mikroskop. Was sehen Sie? Zunächst ganz oben die Substanz, die Sie daruntergelegt haben. Etwas tiefer erblicken Sie Moleküle, aus denen die Substanz besteht, Atome, die geordnet zueinander sind. Noch tiefer die einzelnen Atome, den Kern und die Elektronen in der Umgebung. Und dann noch tiefer – und das ist die entscheidende Information – verschmelzen Sie selbst mit allem, was Sie beobachten.« Das war, wie mir hinterher klar wurde, ein kleiner, aber durchaus plastischer Einblick in eine Revolution der Kenntnisse um die Grundlagen des Wissens, die sich am Anfang des 20. Jahrhunderts und in den darauffolgenden Jahrzehnten ereignet hatte. Deren Konsequenzen werden bis heute immer noch nicht wirklich angemessen wahrgenommen.

Ich will mich mit diesem Einblick in die Tiefe unseres Wissens in diesem Abschnitt noch ein wenig beschäftigen. Das Bild meines Physiklehrers hat ja durchaus etwas Plastisches, zugleich aber auch Irritierendes. Substanzen, Moleküle, Atome, davon hatten wir damals viel gehört und gelesen. Formeln, Zusammenhänge, Naturgesetze, Naturkonstanten, das war schon sehr eindrucksvoll und die Welt schien irgendwie geordnet, klar, berechenbar. Aber »verschmelzen«? Was sollte das denn! Wie kann ich denn, bitteschön, mit etwas verschmelzen, das ich beobachte? Ich bin doch ich und die von mir beobachtete Substanz ist etwas ganz anderes, eben die Substanz! Klar getrennt! Ich bleibe doch hoffentlich, was ich bin, und die Substanz auch so, wie sie ist! Oder? Gibt es jenseits dieser vermeintlichen Klarheit etwas, das doch nicht so eindeutig ist? Gar irgendwelche Zusammenhänge?

Ich will Sie daran teilhaben lassen, wie ich mittlerweile mit diesem mich bewegenden Bild umgehe, das offensichtlich ganz grundsätzlich etwas mit den Erkenntnissen über unsere Welt zu tun hat. »Stellen Sie sich vor«, war damals die Aufforderung unseres Lehrers. Nun denn! Ich stelle mir vor, dass ich in das riesige Mikroskop blicke. Als Substanz lege ich ein frisches Blatt von einem Baum unter das Mikroskop. Ich sehe ein paar Verästelungen, die all die grüne Substanz zusammenhalten. Ich verlasse die Ebene des Blattes und sinke hinunter zu den Molekülen, eine große Zahl von Atomkernen, die von Elektronen umschwärmt werden und am äußeren Randbereich aneinanderhängen. Die nächste Ebene führt mich mitten in ein einzelnes Atom und auf der tieferen Ebene kommt es endlich zum Verschmelzen, so wie es unser Physiklehrer damals angekündigt hatte. Was bedeutet dieses Verschmelzen auf der untersten Ebene?

Ich stelle es mir so vor: Die Substanz meines Körpers und alles sonst Konkrete, Raum und Zeit, die Energie, die Ordnungen, Bindungen und Gesetze um mich herum, all das wird unwichtig. An deren Stelle tritt das sichere Gefühl, mit allem verbunden zu sein. Aus der Unruhe und all der wirbelnden Energie ist ein stetiges Schwingen geworden, in dem ich mich eingebettet, geborgen und sicher fühle. Einerseits schön, angenehm. Aber es ist auch diese unendliche Weite da, in allen Richtungen und Dimensionen. Und so ist auch die Gewissheit einer ganz und gar umfassenden Verbundenheit da, mit der es auch auf mich ankommt, auf meine Lebendigkeit, die nur dann einen Sinn ergibt, wenn ich zu allem, mit dem ich verbunden bin, aktiv meinen Beitrag leiste.

Sie werden sich vielleicht fragen: Was hat das jetzt mit dem Glauben an Gott zu tun? Nun, zunächst lebe ich in diesem Mikroskop-Bild in der Welt der Naturwissenschaft, die konkret ist, habhaft und berechenbar. Dazu will ich einige zentrale Aspekte etwas näher erläutern. Dann komme ich auf die Frage des Glaubens zurück, die mit der Welt der Ordnungen, der Gesetze und der Vernunft, wenn nicht in völliger Übereinstimmung, aber doch in Einklang zu bringen ist. Es gilt, dabei alles zu bewahren, was gut und sinnvoll erscheint. Zuerst aber blicke ich zurück in die Vergangenheit.

Denken in klaren Grundsätzen

Bis zum Ende des 19. Jahrhunderts gingen die damals in der Forschung und Wissenschaft tätigen Frauen und Männer mehrheitlich davon aus, dass das Weltgeschehen durch die damals bekannten Naturgesetze für immer vollständig und abschließend erklärbar sein werde. Alles an erkennbaren Wirkungen, so erschien es ihnen, könne auf konkret fassbare Ursachen zurückgeführt und nach den Grundsätzen menschlicher Logik erklärt werden. Sehr vereinfacht dargestellt gebe es im letzten Urgrund etwas Festes aus Materie, das alles Wirkliche enthalte und von dem ausgehend alles abgeleitet und errechnet werden könne. Ja, es gebe gar nichts anderes als Materie! Weitere Denkrichtungen besagen, dass es einerseits Materie und andererseits – sozusagen daneben und strikt von der Materie getrennt – etwas wie Idee und Geist gebe. Und schließlich wurden auch Lehrmeinungen erarbeitet, nach der die Wirklichkeit ausschließlich aus Ideen besteht.

Man könnte es dabei belassen. Die einen sind Materialisten, die anderen halten das Nebeneinander von Materie und Geist für plausibel, wieder andere sind eben Idealisten. Die reizvolle Frage ist: Gibt es vielleicht doch einen gemeinsamen Urgrund?

Die Wirklichkeit kennt keine Grenzen

Ich möchte an dieser Stelle klarstellen, wie ich den Begriff »Wirklichkeit« verwende, weil er im Folgenden eine große Rolle spielen wird. Damit gemeint ist alles, was es für uns Menschen an Vorstellbaren und Wahrnehmbaren gibt, alles, was wir mit den Möglichkeiten unserer Sinne und Gedanken erfassen und denken können. Die Wirklichkeit nimmt jeder Mensch in einzigartiger Weise wahr, so wie ich in meinem Mikroskop-Bild meine Vorstellungen auf den verschiedenen Ebenen dargestellt habe. Auch dabei wurde deutlich, dass die von mir wahrgenommene Wirklichkeit so unendlich umfassend ist, dass ich allenfalls an die Grenzen des von mir Vorstellbaren gelangen kann, indem ich auch das Unvorstellbare in mein Denken als Möglichkeit einbeziehe.

Mit dem Begriff »Realität« ist dagegen das dinglich und konkret Fassbare gemeint, also alles, worauf wir Menschen uns anhand klarer Kriterien mehr oder weniger leicht einigen können – oder es im Falle der nicht zustande kommenden Einigkeit nebeneinander stehenlassen können. Im Mikroskop-Bild sind es die naturwissenschaftlichen Erkenntnisse, die es anerkanntermaßen auf allen bisher dargestellten Ebenen gibt, also alles, was Substanzen, Moleküle und Atome betrifft. Aber, um es gleich zu betonen: Eine scharfe Trennung zwischen Wirklichkeit und Realität ist nicht möglich. Auch darauf werde ich noch näher eingehen.

Nach der Wende vom 19. zum 20. Jahrhundert hat unser Wissen im Vergleich zu der Epoche davor eine bis dahin gänzlich unerwartete Wendung genommen. Nur wenige können mit den Begriffen »Relativitätstheorie« oder »Quantentheorie« wirklich viel anfangen. Bekannt ist wohl, dass ein nicht unerheblicher

Anteil der seitherigen und gegenwärtigen technologischen Neuerungen, beispielsweise in der Computertechnik, auf diese Wissensgebiete zurückzuführen ist. Es sind hochkompetente Spezialistinnen und Spezialisten, die über Fähigkeiten sowohl in der Gesamtschau als auch über die feinen Verästelungen und komplizierten Konstruktionen verfügen, was vertiefte Kenntnisse und herausragende Begabungen erfordert. Den meisten Menschen erscheinen die neuen Wissensgebiete undurchschaubar. Was soll's auch, werden viele fragen. Die Anwendung der Technik zum Beispiel mit dem Handy oder am Computer wird, einmal erlernt, den Anwendern in vielerlei Hinsicht relativ einfach zugänglich gemacht. Letztlich mag das der Grund dafür sein, dass sich ganz offensichtlich sehr viele Menschen mit diesen neuen Theorien nicht näher befassen wollen oder vor dem neuen Wissen allzu schnell kapitulieren.

Das muss gar nicht sein und es ist auch sehr bedauerlich! Ich möchte dafür werben, wenigstens die grundsätzlichen Prinzipien der Erkenntnisse aus der damaligen Zeit in unsere alltägliche Wahrnehmung zu integrieren. Es lohnt sich wirklich! Geht das ohne Studium, ohne langwieriges Lernen, ohne allzu große Mühen? Ich meine ja. Das heißt allerdings, den wissenschaftlichen Kenntnisstand über diese sehr komplizierten Zusammenhänge so zu übersetzen, dass Bilder vor unseren Augen entstehen, die der Wirklichkeit wenigstens nahekommen – ohne falsch zu werden. Vorteil ist, dass so unser Leben lebendiger werden kann. Genau das habe ich mit Hilfe des Mikroskop-Bildes und mit dem Blick ins Allerkleinste unserer Erkenntniswelt versucht.

Alle Menschen, seien sie wissenschaftlich aktiv oder nicht, seien sie gläubig oder nicht, leben in unserer Welt in einem Erkenntnishorizont zwischen der Unerreichbarkeit im Großen und der Unerreichbarkeit im Kleinen. Dabei gibt es durchaus alltägliche Wahrnehmungen, die nach unserem Wissensstand schlicht falsch sind. Nach wie vor ist von »Sonnenaufgang« und »Sonnenuntergang« die Rede, sogar im Fernsehen und in der Zeitung, und tatsächlich geht, also bewegt sich nach unserer Anschauung die Sonne und die Erde ruht. Dabei ist mittlerweile hinlänglich bekannt, dass dies in unserem Sonnensystem nicht der Fall ist. Gibt es diese Irrtümer möglicherweise auch anderswo?

Schauen wir durch ein Fernrohr in den Himmel, können wir uns vergegenwärtigen, dass sich hinter allen unüberschaubar vielen Planeten und Sonnensystemen und hinter den Strukturen im Kosmos etwas grenzenlos Weites verbirgt, das wir weder mit unseren Instrumenten noch mit unserem Denkvermögen jemals werden erfassen können. Der Blick in die entgegengesetzte Richtung, hin zum Kleinen und Allerkleinsten, offenbart uns auf Anhieb nichts Ungereimtes wie im Fall der Sonne. Ist es aber tatsächlich so? Vielleicht gibt es ähnliche Wahrnehmungen wie bei Sonne und Erde, mit denen wir im Alltag umgehen, die aber beim näheren Hinschauen in vergleichbarer Weise korrekturbedürftig sind? Gibt es jenseits des für uns Erfassbaren die ganz genauso grenzenlose Weite wie im Himmel? Auch in der Tiefe müssen wir anerkennen, dass wir nur ein begrenztes Vermögen haben, die winzigen und allerwinzigsten Strukturen zu begreifen. So wie beim Blick in die Weite des Universums stößt unser Erkenntnisvermögen beim Blick in die Tiefe hin zum Allerkleinsten an Grenzen und auch hier verbirgt sich hinter den Strukturen eine unermessliche Weite.

Die Wissenschaft sucht nach Neuem und Weitem

Und genau auf diesem Weg sind wir ja als Menschheit. Gehört es denn nicht zu unseren menschlichen Grundbedürfnissen, uns nicht nur auf das Konkrete um uns herum zu beschränken, sondern davon immer mehr zu erfassen und zu verstehen? Der Blick in die Weite und die Tiefe ist doch genau das Thema der Wissenschaft! Wissenschaftlerinnen und Wissenschaftler suchen ausgehend von ihrem jeweils verfügbaren gesamten Wissensstand immer weiter nach neuen, vertieften, verfeinerten Erkenntnissen, Zusammenhängen und Erklärungen. Denken Sie nur an die phantastischen Erkenntnisse in der Astrophysik in der Weite des Weltalls und auch in der Elementarteilchenphysik, bei der es um die Erkenntnisse der winzigsten Strukturen geht.

Bei diesen wie grundsätzlich bei allen wissenschaftlichen Arbeiten kommt es auf Exaktheit und logische Plausibilität an. Wollen Wissenschaftlerinnen und Wissenschaftler Erfolg bei der Lösung von Problemen haben, sind sie auf gut nachvollziehbare Feststellungen angewiesen, zum Beispiel durch Messungen in Experimenten. Sind sie zu neuen Erkenntnissen gelangt, müssen sie diese anderen vorstellen und damit – im übertragenen Sinn – einen neuen, aber gemeinsamen Horizont mit anderen Wissenschaftlerinnen und Wissenschaftlern herstellen. Sie müssen auf dieser Grundlage ihre Auffassung verständlich machen und den neuen Kenntnisstand mit einer besseren Beschreibung versehen, einer Erkenntnis, die dann in eine überarbeitete Regel oder in ein innovatives Regelsystem einmünden kann. Letztlich ist bei dieser Vorgehensweise entscheidend, ob sich mit Hilfe der neuen Erkenntnisse etwas ergibt, was besser ist als zuvor, und ob damit weitergearbeitet werden kann, sei es in der Wissenschaft und in der Technik oder auch bei der Ausgestaltung von gedanklichen Vorstellungen.

Wissenschaftlerinnen und Wissenschaftlern nehmen durchaus wahr, dass sie mit ihren Forschungsarbeiten im Großen wie auch im Kleinen an Grenzen stoßen. In den Naturwissenschaften kommen sie nur innerhalb unseres menschlichen Wahrnehmungsvermögens und des für uns konkret fassbaren Erkenntnisbereichs mit mathematischen und begrifflichen Umschreibungen weiter. Wer bei naturwissenschaftlichen Veröffentlichungen darauf achtet, wird immer wieder feststellen, dass von dem die Grenzen des Wissens Übersteigenden so gut wie nie die Rede ist. In der Wissenschaft wird entsprechend weithin akzeptierter Übereinkünfte innerhalb unseres menschlichen Wahrnehmungsvermögens und des für uns erfassbaren Erkenntnisbereichs gearbeitet.

Aber ist das tatsächlich alles, was es gibt? Ich möchte Sie einladen, sich so weit wie nur irgend möglich an die Grenzen unseres menschlichen Wahrnehmungs- und Vorstellungsvermögens heranzuwagen. Es ist nicht so entscheidend, ob Sie an Gott glauben oder nicht. Allerdings sollten Sie sich schon jetzt, falls nicht schon geschehen, mit dem Gedanken anfreunden, dass über die bisher gewonnenen und noch zu erwartenden Erkenntnisse hinaus etwas zu unserer Wirklichkeit gehört und stets gehören wird, das dem menschlichen Fassungsvermögen und der menschlichen Erkenntnis niemals ganz zugänglich sein wird. Es geht nicht nur um unseren Erlebenshorizont im Hier und Jetzt, sondern um das Überschreiten des Wahrnehmens und Denkens. Es geht damit über den Bereich des »Verschmelzens« im Mikroskop-Bild hinaus. So kann aus meiner Sicht eine ästhetische Erweiterung unseres Weltbildes entstehen. Das ist der Weg, nach immer besseren und vor allem auch schöneren Ausdrucksformen in der Sprache, in der Kunst und vor allem auch in der Begegnung mit anderen Menschen zu suchen. Mit unserem Denken und mit allen unseren Sinnen können wir das Konkrete überschreiten hin zum Jenseitigen unseres Erkenntnisvermögens, das wir niemals ganz erfassen und erreichen können. Gelingt uns dies, sind wir in der Lage, uns einen unerschöpflichen Reichtum zu erschließen und ihn in unser Leben zu integrieren.

Unser logisches Denken stößt an enge Grenzen

Für mich ist unvorstellbar, dass es ausschließlich rational denkende und handelnde Menschen gibt. Denn allen Menschen stehen die stets offenen Fragen nach dem »Woher?«, dem »Wohin?« und dem »Warum?« vor Augen, die sie allein mit dem Denken in unseren logischen Kategorien nicht beantworten können. Jeder Mensch kann sie zwar unterdrücken, beiseiteschieben, ignorieren. Er kann aber auch für sich Antworten auf diese Fragen suchen. Eine letztgültige Klärung mit wissenschaftlich begründeter Plausibilität ist nicht möglich. Diese Fragen überschreiten unseren Erkenntnishorizont. Ein konkretes Bild über die gesamte Wirklichkeit bleibt uns versagt. Aber es besteht die Möglichkeit, für die eigene Anschauung eine stimmige, bildliche Vorstellung zu entwerfen, die nicht dinglich oder körperlich ist. Wichtig ist, dass sie aus freien Stücken angenommen werden kann und im Verlauf eines Lebens Änderungen erfahren darf.

Doch zurück zu den naturwissenschaftlichen Erkenntnissen. Ich beschränke mich bei meiner vereinfachten Darstellung einer bildlichen Vorstellung für das Wissen auf einige Aspekte aus der Quantenphysik und der Relativitätstheorie, da sie das Verständnis für die Zusammenhänge und Gesetzmäßigkeiten in der Welt und damit für die gesamte Wirklichkeit grundlegend verändert haben. Keine Angst vor diesen Begriffen! Sie in meinen Betrachtungen in wesentlichen Aspekten für möglichst viele Menschen vorstellbar zu machen und dafür in einfachen Skizzierungen aufzubereiten, ist mein Ziel in diesem ersten Abschnitt. Wenn Sie sich für naturwissenschaftliche Themen nicht so sehr interessieren, können Sie diesen Abschnitt auch überfliegen. Auf die Details, von denen ich auch nur einige auswählen konnte, kommt es gar nicht so sehr an, wohl aber auf die ihnen zugrunde liegenden Prinzipien. Ich empfehle Ihnen aber, wenigstens die Zwischenüberschriften und die Schlussfolgerungen ganz am Ende dieses Abschnitts unmittelbar vor dem zweiten Abschnitt zu lesen. Darauf aufbauend erzähle ich im zweiten Abschnitt zusammenfassend von meinen persönlichen Sichtweisen und Erkenntnissen, die für mein Weltbild eine zentrale Bedeutung haben. Darauf baue ich meine Gedanken im dritten Abschnitt auf, in dem ich Ihnen meinen Glauben vorstelle.

Ein einfaches Bild der damals neuen Erkenntnisse

Zunächst geht es mir um einige naturwissenschaftliche Erkenntnisse, bevor ich den Blick in erweiterte Dimensionen wage. Welche Neuerungen waren am Anfang des 20. Jahrhunderts von wesentlicher Bedeutung? Zunächst war es eine auf den ersten Blick banal erscheinende Erkenntnis. In Experimenten hatte sich gezeigt, dass die von einer Energiequelle[9] abgegebene elektromagnetische Strahlung nicht fließend zu- oder abnimmt, sondern in einzelnen, sehr kleinen, aber voneinander getrennten Portionen, die als »Quanten« bezeichnet wurden.[10]

Die elektromagnetische Strahlung »springt« sozusagen vom niederen Energieniveau direkt auf ein höheres, daher der Begriff »Quantensprung«. Diese unerwartete Überraschung war der Ausgangspunkt für enorme Entwicklungen, wie sich nach und nach herausstellte. Es war die Geburtsstunde der Quantenphysik. Aber was ist daran eigentlich so bedeutsam? Auf der einen Seite hat dieser Wissensbereich eine Vielzahl von Erkenntnissen gebracht, die heute unser Leben bestimmen, etwa in der Computertechnik. Das eigentlich Bahnbrechende ist, dass der »Sprung« der für uns messbaren Strahlung über eine »Lücke« stattfindet und wir bis heute nicht genau wissen, was sich zwischen »Abspringen« und »Ankommen« abspielt. Diese Lücke in unserem Erkenntnisvermögen besteht bis zum heutigen Tag und aller Voraussicht wird sie das für alle Zeiten bleiben. Und sie ist riesig, wie ich noch erläutern werde.

Aus den anfänglichen physikalischen Erkenntnissen sind in den folgenden Jahren und Jahrzehnten rasch zahlreiche weitere hervorgegangen. Die Quantenphysik bestimmt bis heute nicht nur eine Vielzahl technischer Neuerungen in der Welt, und sie beeinflusst auch unsere modellhaften Vorstellungen von der Beschaffenheit der Atome. Modelle dienen dem Zweck, der Wirklichkeit wenigstens insoweit nahezukommen, dass sie in der praktischen Anwendung Hilfestellungen leisten können, so zum Beispiel für die Ableitung physikalischer Gesetze, die Bildung mathematischer Formeln oder die Beschreibung chemischer und biologischer Strukturen. Die Modelle, die Gesetze, die Formeln und die Wirklichkeit müssen zumindest in wesentlichen Bereichen zueinander passen – und sie können durch Experimente und Messungen überprüft und anschließend bestätigt oder verworfen werden. Das Bewährte wird so immer weiter verbessert und verfeinert. Daraus können wiederum handfeste technische Entwicklungen ermöglicht werden, mit hilfreichen und sinnvollen Ergebnissen, leider aber auch mit verheerenden, sinnlosen Folgen. Auch deswegen ist es ja so wichtig, all diese Entwicklungen mit einem soliden Erkenntnisstand bewerten zu können.

In einem der ersten vereinfachten Modelle stellte man sich ein Atom als kugelförmiges Gebilde vor, in dessen Mitte ein Atomkern ist, um den herum Elektronen kreisen.[11] So finden sich in Lehrbüchern Darstellungen mit einem Atomkern als eine größere Kugel mit positiv geladenen Positronen, neutralen Neutronen und negativ geladenen Elektronen als kleineren Kugeln auf Umlaufbahnen darum herum – Protonen und Elektronen sind wegen der gegensätzlichen Ladung aneinandergebunden. In einem weiterentwickelten Modell, dem sogenannten Schalenmodell, werden die Elektronen nicht wie Kugeln dargestellt, sie umgeben vielmehr den Atomkern wie Schalen den Kern einer Frucht. Die Schalen symbolisieren die Wahrscheinlichkeit, mit der sich die Elektronen in bestimmten Abständen um den Atomkern herum aufhalten. Das Schalenmodell ist heute ebenfalls überholt, findet aber insbesondere in der Chemie im Periodensystem der Elemente Anwendung.

Wir nehmen nur einen winzigen Teil des Ganzen wahr

Das ursprüngliche, sehr anschauliche Modell, das einem Planetensystem sehr ähnelt, hat wohl dazu beigetragen, dass unsere Vorstellungen von den Vorgängen in den Atomen sehr konkret und dinglich geworden sind. Bei Lehrveranstaltungen kann man Moleküle aus Atomen in Form von dicken, durch kleine Stäbe miteinander verbundenen Kugeln wie Spielzeuge zusammenfügen. Das wäre ja eigentlich kein Problem, aber mit Modellen dieser Art wurden und werden die wirklichen Dimensionen zwischen dem, was die »Substanz« im Atom beinhaltet – Kern und Elektron – und der »Nicht-Substanz« völlig verzerrt, in geradezu grotesker Weise. Der Durchmesser des gesamten Atoms soll im Vergleich zum Atomkern das Zehntausendfache betragen.[12] Würde man in einer Lehrveranstaltung der Zuhörerschaft das Modell eines Atomkerns mit dem Durchmesser von einem Zentimeter präsentieren, müssten Elektronen in einem Abstand von bis zu fünfzig Meter abgebildet werden, also ein paar Häuser weiter. Das dies nicht praktikabel ist, ist leicht einzusehen. Dennoch dürfen die tatsächlichen Dimensionen nicht einfach ignoriert werden. Sie sind nämlich sehr interessant für unsere Gedanken: Der enorme Unterschied zwischen dem Umfang des gesamten Atoms und dem des Kerns.

Ich will zu einer weiteren, sehr vereinfachten bildlichen Vorstellung einladen. Stellen Sie sich vor, Sie sitzen im Petersdom in Rom, der größten Kirche der Welt – womöglich waren Sie schon einmal dort. Sie soll als Modell für die Größenverhältnisse in einem Atom dienen. Der Petersdom ist 211,5 Meter lang, 138 Meter breit und 132,5 Meter hoch und umfasst mit diesen Ausmaßen knapp rund 3,87 Millionen Kubikmeter.[13] Im Vergleich dazu entspricht das Volumen eines Atomkerns gerade mal das einer Kugel mit knapp 2 cm Durchmesser, also eine kleine Murmel. Sie schwebt sozusagen über dem Mittelgang des Petersdoms auf halber Höhe im Raum. Ein Elektron entspricht im Vergleich dazu einem Staubkorn am Eingang des Petersdoms. Das bedeutet umgerechnet, Atomkern und Elektron nehmen ungefähr ein Billionstel des gesamten Atomvolumens ein![14] Murmel und Staubkorn symbolisieren das, was für uns als die sogenannte »Materie«, Masse und Energie, überhaupt mit unseren Möglichkeiten der Messung und Beobachtung erfassbar ist. Vergleichsweise riesig ist im Vergleich dazu der uns letzten Endes nicht zugängliche Anteil des Ganzen, symbolisiert durch das Volumen des Petersdoms.

Den Begriff »Billionstel« verwende ich im Übrigen, dies sei ausdrücklich gesagt, nicht wie eine rechnerisch exakte Einheit, die tatsächliche Größenverhältnisse beschreibt. Die Strukturen sind ja nach den heutigen Erkenntnissen ungemein kompliziert, vielfältig und zudem miteinander verwoben. »Billionstel« steht für den winzig kleinen Anteil unseres Erkenntnisvermögens, der dennoch keinesfalls abgewertet werden soll, im Gegenteil. Vielmehr ist es doch höchst erstaunlich, dass trotz des winzigen Anteils und damit der vergleichsweise bescheidenen Erkenntnismöglichkeiten bis heute herausragende Ergebnisse in der Wissenschaft erzielt und in technische Innovationen umgesetzt werden konnten.

Auch die besten Wissenschaftlerinnen und Wissenschaftler haben mit ihren Messungen und Experimenten nur dort Zutritt, im Modellbild des Petersdoms arbeiten sie sozusagen mit der »Murmel« und dem »Staubkorn«. Die Erkenntnisse der Naturwissenschaften stützen sich letztlich auf ihre Vorstellungen über die Elementarteilchen und deren Verbindungen untereinander; darauf komme ich noch zurück. Die Vorgänge im einzelnen Atom und über alle Atome insgesamt werden mit mathematischen Formeln oder anderen wissenschaftlich begründeten Rechengrößen, zum Beispiel den Naturkonstanten, beschrieben. So wichtig dies in der Wissenschaft und Praxis auch ist: Das kann bei meinen Betrachtungen übergangen werden, es geht vor allem um die ganz grundsätzlichen Fakten und Zusammenhänge.

Nun ist die Erkenntnis, dass die in Atomkernen und Elektronen verdichtete Materie nur ein »Billionstel« von allem sein soll, möglicherweise für viele Menschen überraschend. Dieses Größenverhältnis trifft ja nicht nur für ein einzelnes Atom zu, sondern ausnahmslos für alle Atome im gesamten Kosmos. Und es führt damit notwendigerweise zur Einsicht, dass die scheinbar so wichtige Materie nur einen ganz kleinen Anteil dessen ausmacht, was es überhaupt in der uns zugänglichen Welt gibt. Und nicht zuletzt bestehen wir Menschen, materiell betrachtet, eben auch nur aus diesem »Billionstel«. Daran muss man sich erst mal gewöhnen! Denn wenn von Materie die Rede ist, wird oft so getan, als ob sie alles sei und damit alles beschrieben werden könnte. Dem ist aber nicht so.

Die erste wichtige Erkenntnis: In einem bildlich räumlichen Vergleich, bildlich betrachtet, nimmt die Materie im Atom einen geradezu verschwindend kleinen Anteil ein.

Alles ist im Wandel

In der ersten Hälfte des 20. Jahrhunderts wurden weitere Erkenntnisse in der Grundlagenphysik gewonnen, die für die folgenden Gedanken wesentlich sind und in Grundzügen erläutert werden sollen. Einige führten zu einem anderen Atommodell. Die Wissenschaftler hatten aufgrund der noch im 19. Jahrhundert vorherrschenden Erkenntnisse lange versucht, das letztlich Fassbare, auch wenn es noch so winzig ist, genau zu bestimmen. Man hätte annehmen können, dass dieses »Etwas« sich aus absolut festen Bestandteilen zusammensetzt, die man sich zum Beispiel als winzig kleine Kügelchen vorstellen könnte. Eine andere Annahme wäre gewesen, dass dieses »Etwas« aus physikalisch absolut genau bestimmbaren Wellen besteht. Sich auf das eine oder andere festzulegen, ist aber nicht gelungen.[15] Vereinfacht ausgedrückt bedeutet das: Ein Masseteilchen behält immer auch seine Eigenschaft als Welle.[16] Genauso verhält es sich mit einer Welle; auch sie beinhaltet immer auch die Eigenschaft als Teilchen. Also besteht das für uns zugängliche »Etwas« immer zugleich aus Teilchen- und aus Welleneigenschaften. Deswegen spricht man von »Welleteilchen« oder von einem »Welle-Teilchen-Dualismus«. Teilchen oder Wellen werden erst durch Beobachtung oder Messung oder irgendeine andere Störung als solche erkennbar, sind aber nie vollständig das eine oder das andere. Die Messungen in physikalischen Systemen können somit in letzter Instanz nicht mehr zu ganz genauen Festlegungen führen, sondern müssen in Wahrscheinlichkeiten ausgedrückt werden, die mit dem Begriff »Unbestimmbarkeit« dargestellt werden kann.[17] Und da nach unserem naturwissenschaftlichen Verständnis der gesamte Kosmos den gleichen physikalischen Prinzipien unterliegt, gibt es nicht nur im Allerkleinsten, sondern auch in jeglichen kosmischen Dimensionen dieses Prinzip der »Unbestimmbarkeit«.

Eine der Konsequenzen aus den Erkenntnissen aus dem 20. Jahrhundert ist: Alle Bestandteile eines Atoms besitzen als Eigenschaften Masse und Energie. Auch diese beiden Eigenschaften können – wie Welle und Teilchen – nicht strikt voneinander getrennt werden. Sie stehen in einer prinzipiell austauschbaren Wechselbeziehung zueinander. So kann man sich Masse als verdichtete Energie und Energie als verdünnte Masse vorstellen. Die Zusammensetzung der Atome kann also weder eindeutig mit den Begriffen Teilchen oder Wellen, noch strukturell als Masse oder als Energie beschrieben werden. Atome bestehen damit nicht aus einer komplett erstarrten Substanz oder, anders formuliert, letztendlich aus nichts, was als »fest« bezeichnet werden könnte. Das im Mikroskop-Bild erwähnte »Verschmelzen« ist damit ein Prozess, der niemals zur Ruhe kommt.

Ein weiterer Beleg für die Erkenntnis, dass nichts wirklich absolut fest ist, ist folgender: Nach unseren physikalischen Gesetzen strebt im geschlossenen System alles für uns erfassbar Materielle nach maximaler Unordnung,[18] kann also auch nicht »ruhen«, wenngleich darin Energie stets erhalten bleibt.[19] Wenn demnach dem Streben nach Unordnung im geschlossenen System entgegengewirkt werden soll, um Ordnung in welcher Form auch immer herzustellen, wird Energie benötigt. Diese Prinzipien gelten für alles, auch in unserer Welt, und damit für alles, was wir erfassen können, lebendig oder nicht. Die erforderliche Energie für das Erhalten der Ordnung in unserer Welt stammt bekanntlich aus der Sonne. Sie ist durch Sonnenstrahlung direkt verfügbar oder in gespeicherter Form, zum Beispiel in Holz, Kohle, Erdgas oder Erdöl oder auch in Batterien. Wir Menschen müssen, wie alle anderen Lebewesen auch, die letztlich aus der Sonne stammende Energie, in welcher Form auch immer, nutzen, um am Leben zu bleiben. Das eigentlich zentral Bedeutsame aber ist: Alles unterliegt ständigen Wandlungsprozessen, einem ewigen Wechselspiel zwischen Unordnung und Ordnung. Die für das Aufrechterhalten der Ordnung erforderliche Energie stammt von »außen«; drauf komme ich noch zurück.

Zusammengefasst ist all das die nächste Hürde, die für unsere Wahrnehmung der Wirklichkeit zu überwinden ist: Die Materie ist nicht nur anteilig geradezu verschwindend winzig, sie ist letztlich immer in Unruhe! Alles unterliegt einer ständigen, geradezu lebendig wirkenden Dynamik! Löst sich damit alles, was es gibt, geradezu auf, auch wir selbst als Person? Nein, ganz so schlimm ist es ganz bestimmt nicht!

Als ich in meinem beruflichen Umfeld einmal nebenbei erwähnt habe, dass es letztendlich nichts Festes gibt, hat ein Kollege von mir sogleich auf den Tisch geklopft, wohl um deutlich zu machen, dass dies ja wohl gar nicht sein könne. In der Tat ist diese Vorstellung schwer zu akzeptieren angesichts unserer alltäglichen Erkenntnisse, dass sehr viele Substanzen und Materialien ja durchaus sehr fest sind. Das liegt daran, dass enorm viele Atome und Moleküle in den Substanzen enthalten sind, die insgesamt aufgrund der Dynamik ihrer Strukturen den für uns wahrnehmbaren Eindruck »fest« ergeben. In den winzigsten Dimensionen, die uns nur durch den Einsatz extrem aufwändiger Apparaturen zugänglich sind, können wir die Lebendigkeit der allerkleinsten Kräfte wahrnehmen, die in der Summe ihrer dynamischen Wirkungen den Zustand der Festigkeit ergeben. Die Griechen haben im Altertum zutreffend die Aussage geprägt: »Alles fließt«.[20] Wie Recht sie hatten, wird vielen Menschen in allen Konsequenzen erst nach und nach deutlich.

Die zweite wichtige Erkenntnis lautet somit: Nach gesicherten naturwissenschaftlichen Erkenntnissen ist letztlich nichts »fest«. Die Materie unterliegt entgegen unserer äußeren Wahrnehmung in ihrem Innersten einem ständigen und dynamischen Wandel.

Vom Urknall bis jetzt

Auch wenn nichts gänzlich fest ist, wie und woraus ist die von uns so wahrgenommene Wirklichkeit überhaupt erst entstanden? Sie sind sicher schon einmal dem Begriff »Urknall« begegnet.[21] Sehr vereinfacht dargestellt ist man auf diese Theorie gekommen, weil man festgestellt hat, dass sich das Weltall ausdehnt. Angesichts der Ausdehnung des Weltalls war es nach logischen Aspekten und unter Zuhilfenahme der Naturgesetze naheliegend, dass man sozusagen »zurückgerechnet« hat. Man hat den Weg entlang bis zu einem angenommenen Ursprung nachempfunden, der sich vor rund 13,8 Milliarden Jahren ereignet haben soll. Daraus ist eine Theorie hervorgegangen, nach der alles, was es gibt, damals auf einen einzigen »Punkt«, vielleicht besser, auf einen einzigen »Zustand« konzentriert war. Dieser »Zustand« zum Zeitpunkt dieses Ursprungs kann allerdings nicht mit den Begriffen »Zeit«, »Raum« und »Materie« beschrieben werden.[22] Vielmehr gab es damals sozusagen lediglich unermesslich hohe Dichte und Temperatur in diesem »Zustand«, der sich dann unvorstellbar schnell ausgedehnt hat und dabei ist die Temperatur ebenfalls sehr rasch abgeklungen. Dabei haben sich Raum, Zeit, Masse, Energie und all die Kräfte, Strukturen, Wirkungen und Regeln entfaltet, aus denen schließlich der gesamte Kosmos entstanden ist. Mittlerweile ist man so weit, dass die Gültigkeit der einzelnen theoretischen Grundlagen der Physik sich in Untersuchungen immer wieder erwiesen hat, jeweils abgesehen von dem nicht beschreibbaren Zustand am Anfang, auch wieder ein Beleg für unsere fantastischen wissenschaftlichen Möglichkeiten![23]

Der Vollständigkeit halber sei erwähnt, dass bis heute nicht bekannt ist, wie es zu diesem Ausdehnungsprozess nach dem Urknall gekommen ist, weil es hierfür nach den uns bekannten physikalischen Gesetzen keine ausreichende Erklärung gibt. Unter anderem soll daher die sogenannte »dunkle Energie« eine Rolle gespielt haben – eine bisher nicht belegbare Annahme.[24] Hinzu kommt, dass »dunkle Materie« vorhanden sein muss, weil sonst Bewegungen in der sichtbaren Materie, insbesondere von Sternen in großen Sternensystemen, nicht erklärt werden können.[25]

Außerdem fehlt in der Theorie des Urknalls eben dieser Zustand zu Beginn, weil wir Menschen dort mit unseren rechnerischen Methoden und den bekannten physikalischen Modellen keinen Zugang haben. Es ist und bleibt ein unerreichbarer Grenzbereich auch in dieser Hinsicht. Was hat es im Ursprung wirklich gegeben? Wie ist das überhaupt vorstellbar, dass alles auf diesen einen Zustand konzentriert war, der sich dann schlagartig entwickelt und dann nach und nach auf den uns bekannten Kosmos verteilt haben soll? Es muss doch alles, was es seitdem in unserem Wahrnehmungsbereich gibt, dort seinen Ursprung haben! Es muss ein Zustand einer Dynamik aus unendlich vielfältigen und grenzenlosen Dimensionen gewesen sein. Alles dort Vorhandene muss in Relation zu diesem Zustand gedacht werden. Es gibt seitdem Prinzipien, die bis heute wirken, nicht nur im großen Kosmos, auch im Allerkleinsten. Und wie ist es überhaupt zum Anstoß für den »Urknall« gekommen? Vielleicht komme ich diesen Fragen etwas näher. Ich habe konsequenterweise so unkonventionell wie nur irgend möglich nachgedacht.[26] Dazu aber später mehr.

Fundamentale Wechselwirkungen binden und ordnen

Wenn all das bisschen, die einem Wandel unterliegende Materie, uns jetzt durchaus als stabil und beständig erscheint, was trägt dazu bei? Ist nicht das Allermeiste zumindest für unseren Alltagsbedarf exakt bestimmbar und berechenbar? Es muss etwas geben, mit dem das sich letztlich ständig Wandelnde zusammengehalten wird, alles, von den Atomen bis hin zu den Planeten und Galaxien im gesamten Weltall.[27] Und das stimmt. Eine bedeutsame Rolle spielen dabei die sogenannten fundamentalen Wechselwirkungen, vier werden unterschieden. Eine der fundamentalen Wechselwirkungen ist der Elektromagnetismus, der die negativ geladenen Elektronen an die positiven Teilchen in den Atomkernen bindet. In der bildlichen Vorstellung mit dem Petersdom wird also der Atomkern in der Mitte des Raums, im Vergleich klein wie eine Murmel, mit dem Elektron, symbolisiert durch das Staubkorn am Eingang, durch den Elektromagnetismus miteinander verbunden. Wenn so winzige Strukturen über eine so weite Strecke aneinandergekoppelt sind, müssen dabei gewaltige Kräfte wirken – und so ist es auch. Den Elektromagnetismus gibt es im Kleinen und im Großen, und in der Summe können wir ihn auch in gigantischen Dimensionen beobachten, etwa in Form von Magnetfeldern, von denen Planeten umgeben sind. Auf unserer Erde richten diese enormen magnetischen Kräfte zum Beispiel die dünne Nadel in einem Kompass aus.

Im Atommodell werden zwei weitere fundamentale Wechselwirkungen beschrieben, die starke und die schwache Kernkraft. Die Quantenphysik hat zur Erkenntnis geführt, dass mit der starken Kernkraft im Atomkern eine riesige Energiemenge wirksam gebündelt ist, die unter bestimmten Bedingungen in exorbitanten Ausmaßen freigesetzt werden kann, etwa wenn durch besondere Techniken eine Kernspaltung erzeugt wird.[28] Die schwache Kernkraft wiederum entspricht der radioaktiven Strahlung, die je nach Beschaffenheit der Atome unterschiedlich ausgeprägt ist. Die vierte fundamentale Wechselwirkung, die Gravitation, ist die schwächste der vier Wechselwirkungen und hält ebenfalls Wellenteilchen in allen Größenordnungen zusammen; in der Summe spielt sie bei den weitläufigen Bewegungen der Planeten im Weltall die entscheidende Rolle und wird deswegen auch »Königin der Wechselwirkungen« genannt.

Nachdem man erkannt hat, dass mit den erwähnten Wechselwirkungen die ganze Materie aneinandergebunden ist, lag es ja nahe, dafür eine einzige Formel zu suchen. Es entstand der Wunsch, in unserer Welt eine ganz große, überall stimmige Klarheit zu schaffen, zusammengefasst in einer »Weltformel«. Seit Jahrzehnten zerbrechen sich sehr tüchtige Wissenschaftlerinnen und Wissenschaftler darüber den Kopf, stellen dabei zahlreiche Theorien auf, denken und rechnen in diversen Dimensionen.[29] Wichtig für meine Überlegungen ist: Es gibt zwar elementare Fortschritte in der Wahrnehmung des Weltgeschehens. Es spricht, so meine ich, alles dafür, dass wir letzten Endes mit unseren naturwissenschaftlichen Möglichkeiten die Wirklichkeit nie als Ganzes, sondern allenfalls näherungsweise »dingfest« machen können.

Ein Wort noch in diesem Zusammenhang zu den Naturkonstanten. Sie sind von großer Bedeutung und es gibt eine Vielzahl von ihnen, worauf ich nicht näher eingehen will. Zu den fundamentalen Naturkonstanten zählen zum Beispiel die Lichtgeschwindigkeit, die Planck-Konstante oder die Gravitationskonstante. Die Naturkonstanten wirken wie ein Regelsystem in der Natur und können von außen nicht verändert werden. Sie haben eine vergleichbar elementare Bedeutung wie die fundamentalen Wechselwirkungen und sind Teil der Ordnung, die allem zugrunde liegt. Selbst geringe Änderungen hätten unsere Welt gar nicht ermöglicht und würden sie auch weiter nicht ermöglichen. Die Frage ist, ob sie, gewissermaßen von innen, einem Wandel unterliegen? Darüber wird in der Wissenschaft diskutiert.[30]

Die Suche nach Klarheit führte zu weiteren großen wissenschaftlichen Leistungen aus dem vergangenen Jahrhundert. Ich will kurz und in einfachen Worten auf die spezielle Relativitätstheorie eingehen. Sie hat aufgezeigt, dass Raum und Zeit nicht unabhängig voneinander, sondern relativ, das heißt in Beziehung zur Bewegung eines Beobachters im Raum existieren.[31] Seitdem können wir nicht mehr davon ausgehen, dass die Zeit ausschließlich in allein für sich stehende Einheiten, etwa in Form von Stunden, Minuten und Sekunden aufgeteilt ist und der Raum davon unabhängig einzig durch eindeutige Einheiten wie Länge, Breite und Höhe definiert werden kann. Genauso verhält es sich mit dem Zusammenhang zwischen Energie und der Masse, die mit der bekannten Formel $E = m \cdot c^2$ beschrieben wurde.[32] Auch bei Energie und Masse existiert wie bei Raum und Zeit eine relative Beziehung, in dieser Formel zur Lichtgeschwindigkeit. Angemessen ist daher, zumindest in Extremsituationen, etwa in der Raumfahrt oder bei der Untersuchung allerkleinster Teilchen, in diesen Zusammenhängen zu denken. Bewegung, Raum, Zeit, Masse und Energie können nur als ineinander verwobenes System betrachtet werden.

Wie gehen wir aber in unserem Alltag damit um? Natürlich können und dürfen wir wie gewohnt Zeit und Raum sowie Energie und Masse wie voneinander getrennte Größen behandeln. Für unseren Bedarf reicht das völlig aus. Unsere Uhren ticken Sekunde für Sekunde, für den Zusammenhang zwischen Zeit und Raum haben wir schlicht kein Wahrnehmungsvermögen. Gleiches gilt für die elektrische Energie, sie strömt aus der Steckdose, ohne dass wir etwas von Masse mitbekommen. Die mit der Raumzeit und der Energiemasse verbundenen Eigenschaften benötigen wir nur dann, wenn es um extrem genaue Ergebnisse geht, die uns bei unseren alltäglichen Aktivitäten normalerweise egal sind. Trotzdem ist es wichtig bei unserem besonderen Blick in die Tiefe, hin zum Allerkleinsten, die Erkenntnisse über die untrennbaren Zusammenhänge in die bildlichen Vorstellungen über die Gesamtwirklichkeit einzubeziehen. So viel zur speziellen Relativitätstheorie.

Einige Worte noch zur allgemeinen Relativitätstheorie. Sie geht noch einen Schritt weiter und beschreibt einen Zusammenhang zwischen Raum, Zeit und Gravitation. Damit konnte auf geniale Weise die Gravitation besser und genauer als je zuvor definiert werden.[33] So musste die Annahme, bei der Gravitation handle es sich ausschließlich um eine Kraft, mit der große Massen etwa wie Magneten kleine Massen anziehen, aufgegeben werden. Vielmehr, so die Theorie, »deformiert« jede Masse die in der speziellen Relativitätstheorie beschriebenen Raumzeit. Bildlich vorstellbar ist dies etwa so, als ob man eine Billardkugel, die eine Masse symbolisiert, in ein ausgespanntes Gummituch, das die Raumzeit symbolisiert, wirft. Die durch die Masse der Kugel verursachte Verformung des Gummituchs veranschaulicht die Deformierung der Raumzeit, und so wird ein dynamischer Zusammenhang zwischen Raum, Zeit und Gravitation dargestellt. Eine grandiose, herausragende wissenschaftliche Leistung! Auch durch die allgemeine Relativitätstheorie wurde das damalige physikalische Verständnis in einer ganz wesentlichen Dimension grundlegend verändert, ist doch, wie erwähnt, die Gravitation eine der vier fundamentalen Wechselwirkungen. Entscheidend ist auch hier, dass dieses Prinzip der allgemeinen Relativitätstheorie überall gilt. Jegliche Masse, die es gibt, verformt oder »krümmt« die Raumzeit – auch wir Menschen verformen die Raumzeit mit der Masse unseres Körpers. Weil Massen immer miteinander in Beziehung stehen, gilt stets das Gravitationsgesetz – und das mit höchster Präzision. Nun ist es allerdings auch hier so, dass die allgemeine Relativitätstheorie bei vergleichsweise geringen Massen, etwa denen eines menschlichen Körpers, keine alltagspraktische Bedeutung hat. So reicht die Anwendung der vor Entdeckung der allgemeinen Relativitätstheorie geltenden Gesetze der Schwerkraft völlig aus. Sprechen wir von einer Deformierung der Raumzeit, wenn wir uns auf eine Körperwaage stellen? Eher nicht. Es interessiert im Alltag lediglich die Masse unseres Körpers, die in diesem Fall die ermittelte Zahl in Kilogramm anzeigt.

Aber auch hier geht es in besonderen Situationen und bei weit voneinander bewegten Massen um höchste Genauigkeit, etwa bei der Steuerung von Satelliten; dabei wird die allgemeine Relativitätstheorie angewandt. Ein weiteres Beispiel weckt neuerdings Aufmerksamkeit: Es geht um den Untergang von Planeten. Sie »erkalten« nach und nach, weil die Energie in ihrem Inneren immer geringer wird und schließlich nicht mehr ausreicht, um die äußeren Schichten zu stabilisieren. Schließlich stürzen diese erkaltenden Planeten ganz in sich zusammen und bilden durch die Wirkung der Gravitation eine sehr, sehr schnell rotierende Masse.[34] Wenn sich die Massen der untergegangenen Planeten vereinigen, entsteht eine riesige Plattform, die in ihrer Wirkung dem beschriebenen »Gummituch« entspricht, in der Theorie auch als »Gravitationsplattform« bezeichnet. Wenn die daran beteiligten Massen und Energien groß genug sind, bildet sich in der Mitte der wirbelnden Plattform ein Abgrund, den die Wissenschaftler »schwarzes Loch« genannt haben.[35] Dieser Abgrund ist unerreichbar tief und in ihm wird alles, auch das Licht, verschlungen. Da begegnet sie uns wieder, die Unerreichbarkeit! Sie gibt es in der Höhe und in der Tiefe, im Werden und im Vergehen all dessen, was für uns vorstellbar ist. Und auch das Geschehen um das »schwarze Loch« bestätigt die Erkenntnis, dass es nicht nur im Allerkleinsten, sondern auch in gigantischen Dimensionen alles ständigen Veränderungsprozessen unterliegt. Beim Entstehen eines schwarzen Lochs werden übrigens sogenannte Gravitationswellen erzeugt. Diese Gravitationswellen können von Wissenschaftlern beobachtet und neuerdings auch in besonders »gravierenden« Einzelfällen mit sehr aufwändig konstruierten und extrem feinfühligen Instrumenten gemessen werden.

Und eine weitere, wissenschaftlich belegte Tatsache ist für meinen Gedankengang von Bedeutung. Sie haben jetzt schon die Welleteilchen kennengelernt, die beide Eigenschaften, die einer Welle und die eines Teilchens, in sich vereinen. Jetzt kommt etwas ganz Eigenartiges hinzu. Es sei folgendermaßen skizziert: Man hat zwei Welleteilchen an völlig unterschiedlichen Orten untersucht und dabei ausgeschlossen, dass sie durch Signalübertragung miteinander in Verbindung stehen. An diesen Welleteilchen hat man zur absolut gleichen Zeit ganz und gar dieselben Eigenschaften nachgewiesen. Klingt irgendwie verrückt, nicht wahr? Es ist aber eine wissenschaftlich eindeutig bewiesene Tatsache, sie muss damit unserem Erkenntnisvermögen entsprechend als wahr gelten. Deswegen konnte man gar nicht anders, als festzustellen, dass ein Welleteilchen zugleich an ganz verschiedenen Orten existiert oder aber der Raum dazwischen nicht, so unwirklich das auch erscheinen mag. Dieses Phänomen hat man als »Verschränkung«, als »Nichtlokalität« bezeichnet oder auch als »magische Fernwirkung«.[36] Von großer Bedeutung ist jedoch wiederum, dass diese Tatsache der Nichtlokalität nicht nur bei einzelnen, genau untersuchten Welleteilchen, sondern grundsätzlich bei allen Welleteilchen in unserem gesamten Kosmos vorkommt – übrigens genauso bei den Welleteilchen, aus denen wir selbst bestehen.[37] Auch bei näherem Betrachten der Zeit wurden ähnlich erstaunliche Phänomene gefunden. So wie es einen absolut eindeutigen Zusammenhang von Raum und Zeit sowie von Energie und Masse gibt, liegen auch zum Thema Zeit sehr eindrucksvolle physikalische Experimente vor, die den Schluss zulassen, dass unser alltägliches Verständnis von Vergangenheit, Gegenwart und Zukunft letztendlich keinen Bestand hat. Dies wird als »Nichtlokalität der Zeit« bezeichnet. All dies bedeutet wiederum: Nichts Festes! Es gibt sozusagen in der Wirklichkeit eine ganz andere als die von uns wahrgenommenen Dimensionen von Raum und Zeit! Schwer zu verstehen, aber trotzdem ist es, so meine ich, wichtig, sich damit zu befassen und – wenn möglich – auch zu lernen, damit umzugehen.

Sowohl die Nichtlokalität der Welleteilchen als auch die Nichtlokalität der Raumzeit sind wichtige Wesensmerkmale einer Denkweise in erweiterten, systemischen Zusammenhängen. Und insgesamt gibt es bis heute eine große Übereinstimmung in den Wissenschaften, dass die Quantentheorie und die Relativitätstheorie die beste Grundlage für die Beschreibung wissenschaftlicher Erkenntnisse darstellen. Gleichzeitig muss festgestellt werden, dass sich diese Theorien in wesentlichen Bestandteilen und in ihren Zusammenhängen ganz grundsätzlich von unserer Wahrnehmung der Alltagswirklichkeit unterscheiden. Ich erwähne dies auch deswegen, weil diesen Entdeckungen in bewundernswerter Weise unkonventionelle Denkweisen zugrunde liegen. Es ist generell von Vorteil, Denkgewohnheiten zu verlassen und das gilt nicht nur für Menschen, die in der Wissenschaft aktiv sind.

Ich will wieder zum Atom zurückkehren, wiederum mit einer einfachen bildlichen Vorstellung. Viele gehen davon aus, außer dem winzigen Kern und den noch winzigeren Elektronen gebe es »nichts«, die Atome und der billionenfach riesige Bereich in ihnen seien sozusagen fast »leer«. Stimmt das wirklich? Es gibt dort ja immerhin die bereits erwähnten fundamentalen

Wechselwirkungen, die diese Strukturen gewissermaßen fügen und zusammenhalten. Aber nicht nur dort, im Kleinen. Sie fügen und halten jegliche Existenz überall und ständig zusammen! Hinzukommen »dunkle Energie« und »dunkle Materie«, die wichtige Erkenntnislücken schließen sollen. Aufgrund all dessen stelle ich mir den gigantischen Bereich in den Atomen keineswegs als leer, vielmehr als restlos gefüllt vor, mit »Etwas«, das auch das gesamte Universum erfüllt. Alles ist voller Wirkungen, wirkungsvoll.[38]

Dieser erfüllte Zustand wird im sogenannten Orbitalmodell dargestellt. Als »Orbital« wird der Aufenthaltsraum bezeichnet, in dem sich im Atom ein Elektron mit ca. 90 Prozent Wahrscheinlichkeit befindet. 90 Prozent sind viel, aber nicht alles. Das bedeutet: Mit dem Atom-Orbitalmodell wird zum Ausdruck gebracht, dass Atome, deren Strukturen nach der Quantentheorie allesamt aus Welleteilchen bestehen, prinzipiell keine Grenzen haben. Wo und in welcher Form die Welleteilchen für uns Menschen in Erscheinung treten, kann danach nicht exakt vorab bestimmt, sondern nur als Wahrscheinlichkeit beschrieben werden. Es kann direkt im Atomkern, das meiste in unmittelbarer Nähe, im Extremfall aber sogar in der uferlosen Weite des Universums sein; mit diesem Wortspiel will ich verdeutlichen, dass es für das Universum physikalisch gesicherte Modelle außerhalb des für uns erreichbaren Erkenntnisbereichs gibt, weder für einen »Rand«, noch für die »Zeit« und auch nicht für eine »Ursache«. Die enorm wichtige Erkenntnis besteht darin, dass jedes Atom grundsätzlich mit allem verwoben ist und mit allem außerhalb unserer Vorstellungen zumindest verbunden sein kann. In unserem Alltag können wir diese Verwobenheit und Verbundenheit nicht wahrnehmen, aber sie gehören zum prinzipiell grenzenlos erweiterten Horizont unseres Denkens.

Stellen Sie sich vor, Sie könnten mit Ihren Augen und mit allen anderen Sinnen sämtliche winzigen Atomkerne und die zugehörigen Elektronen vom Rest unterscheiden, Atomkerne und Elektronen sind farbig und alles andere ist klar. Die ganze Welt wäre dann nahezu vollständig durchsichtig und nur von einem sehr, sehr feinen Netz durchwoben. Dieses sehr, sehr feine Netz ist alles, was Sie bisher als belebt oder nicht belebt wahrgenommen haben, die ganze erkennbare und erfassbare Welt. Auch Sie selbst und alle sonstigen Lebewesen in der Welt wären zarte, fast durchsichtige Gestalten, mit allem anderen unmittelbar verbunden, Bergen und Tälern, mit Wasser und Erde und auch sonst mit allem in der belebten oder nicht belebten, sehr, sehr fein wahrnehmbaren Natur. Auch im Mikroskop-Bild bildet auf der untersten Ebene der »Verschmelzung« all dies feine Substanzielle ein grenzenloses Ganzes. Es umfasst den Kosmos, alles, was es gibt. Und Sie sind Teil davon!

Manche von Ihnen werden vielleicht an dieser Stelle bemerkt haben, dass sie eigentlich diese großartige Fähigkeit der ganzheitlichen Wahrnehmung immer schon gehabt haben und für alle Zeiten haben müssten. Das ist richtig! Nicht wenige berichten ja sogar von Erlebnissen, die genau diese Erfahrung vermitteln. Im Mikroskop-Bild habe ich versucht, das aus meiner Sicht zu erklären, wenigstens in groben Zügen. Für meine nachfolgenden Gedanken ist diese Vorstellung in der Tat von großer Bedeutung.

> *Die dritte wichtige Erkenntnis: Die ungezählt vielen Atome im gesamten Kosmos haben nach dem Modell des Urknalls ausnahmslos dort ihren Ursprung und stehen grundsätzlich alle miteinander in Beziehung. In der Tiefe unserer Existenz gibt es keine voneinander absolut trennbaren Kategorien, sondern nur*

Beziehungen in unterschiedlichen Formen und Qualitäten, die unsere Vorstellungen über unsere alltägliche Wirklichkeit bei weitem überschreiten.

Nahezu Unvorstellbares ertragen lernen

Sie werden sich angesichts all der Schilderungen bis hierher vielleicht fragen: Wie kann das sein, wenn Masse und Energie nur gut und gerne einem Volumenanteil von einem »Billionstel« entsprechen, nicht einmal fest sind und alles miteinander verbunden ist und wir unsere Welt und den ganzen Kosmos trotzdem sehr konkret und sehr handfest erleben? Unser Kenntnisstand ist, und ich halte es für plausibel, dass seit dem Urknall in unvorstellbar dynamischen Prozessen in jedem Augenblick alles Materielle neu gefügt wird – nach einem Fügungsmuster, das den für uns gewohnten Strukturen der Materie entspricht. Das »Billionstel« reicht demnach für alles aus, was wir mit unseren Sinnen wahrnehmen können. Auch in diesen allerkleinsten Bereichen gelten die Naturgesetze. Viele Wissenschaftlerinnen und Wissenschaftler haben in der ersten Hälfte des 20. Jahrhunderts mit ihren Arbeiten mathematische Formeln gefunden, die Aufschluss über die Wahrscheinlichkeit des Verhaltens der Welleteilchen geben – es gab seitdem zahlreiche weitere, sehr wesentliche Fortschritte, die von höchster praktischer Bedeutung sind. Aber es bleibt dabei: In allen Atomen im gesamten Kosmos bleibt es bei Wahrscheinlichkeiten und daher haben wir definitiv keine alles einschließenden, exakten und präzisen Erkenntnisse. Uns fehlt damit auch ein entscheidendes Bindeglied zwischen Ursache und Wirkung. Der Fachbegriff hierfür lautet »Indeterminismus«. Diesen lateinischen Begriff könnte man mit den Worten »nicht von einem bestimmten Punkt ausgehend« übersetzen.[39] Viele hochintelligente Wissenschaftler haben mit großem Eifer versucht, diesen Zusammenhang exakt herzustellen. Bisher mussten sie kapitulieren und viele sind der Auffassung, dass das auch künftig nicht gelingen wird.

Es liegt nahe, diesen für uns nicht erreichbaren Bereich der Erkenntnis durch Theorien zu überbrücken. Es gibt zum Beispiel eine, die von vielen andere Welten ausgeht, in denen all das geschieht, was wir – noch – nicht wissen; eine Art gedanklicher Rettungsanker. Das ist nicht gänzlich ausgeschlossen und sollte zumindest als eine Form der Erzählung dienen, die uns bei der Integration des für uns nicht zugänglichen Erkenntnisbereichs in unser Weltverständnis helfen kann.

In unserer Welt sollten, so meine ich, gedankliche Vorstellungen plausibel erscheinen. Die Unbestimmbarkeit ist ein Naturgesetz und ich kann sie in meiner Gedankenwelt gut akzeptieren; sie in eine absolute Bestimmbarkeit umzudefinieren, entspricht jedenfalls nicht dem weithin akzeptierten Erkenntnisstand. Und letzten Endes ist dies mit der Akzeptanz verbunden, dass wir Menschen mit unserem Denkvermögen an Grenzen stoßen. Wir werden niemals die allem zugrunde liegenden Zusammenhänge erfassen können. Wir werden deswegen darauf angewiesen sein, unsere Gedankenwelt von dem Druck zu befreien, unsere Erkenntnisse zur reinen Vollkommenheit zu bringen. Wir werden uns trotzdem der Vollkommenheit zu nähern versuchen, sind aber stets darauf angewiesen, diese und alle anderen unserer Unvollkommenheiten auf gute und gesunde Weise zu ertragen.

Es gibt nicht wenige in den Naturwissenschaften engagierten Menschen, die ein Nachdenken über eine unerreichbare

»Fülle« im Atom als unwissenschaftlich ablehnen. Man müsse sich, meinen sie, auf mathematische und physikalisch messbare Methoden beschränken, die die innerhalb unseres Erkenntnisvermögens zugänglichen Vorgänge präzise beschreiben.[40] Das ist eine der möglichen Denkweisen, aber sie ist aus meiner Sicht bedauerlich, weil sie sich im Grunde genommen auf den Bereich des »Billionstel« beschränkt. Ich neige zu der Ansicht derjenigen, die versuchen, Modelle von der nicht zugänglichen Erkenntnis so zu vermitteln, dass vor unseren Augen eine Vorstellung von der Beschaffenheit der Welt im Ganzen entstehen kann.[41] Mit diesem kleinen Werk will ich ergänzend dazu einen bescheidenen Beitrag leisten, der, wie eingangs erwähnt, bewusst als einfaches Modell gestaltet ist. Ich will zugleich naturwissenschaftlich denken und auch glauben. Diesen Versuch möchte ich Ihnen anbieten. Das ist vor allem auch deswegen gerechtfertigt, weil in dem für uns unerreichbaren Erkenntnisbereich der größte Teil all dessen geschieht, was wir selbst erleben können und sicher noch viel mehr darüber hinaus. Ich will versuchen, Ihnen meine Gedanken möglichst zartfühlend nahezubringen.

Alles besteht zugleich aus Geist und Materie

Wie ist der riesige, erfüllte Bereich in den Atommodellen vorstellbar, der im übertragenen Sinne billionenfach größer ist als Atomkern und Elektron und, wie beschrieben, restlos mit »Etwas« ausgefüllt ist? Womit ist er erfüllt? Ist es nur Geist? Irgendwie schwer vorstellbar. Ist es nur Materie? Wohl kaum. Und zudem: Angesichts des bis heute gewonnenen Erkenntnisstands, aber wohl aus einer eher philosophischen Perspektive wurde von einem renommierten Physiker die Existenz von Materie sogar rundweg bestritten.[42] Es muss wohl etwas geben, das beide Eigenschaften in sich vereinigt, die des Geistes und die der Materie.

Die Suche nach einem Ausweg, gedanklich beides zusammenzubringen, Geist und Materie, hat eine lange Geschichte. In den Wissenschaften weit verbreitet sind materialistische Denkweisen, nach denen nur Materielles existiert und Geistiges allenfalls als Ergebnis materieller Vorgänge zutage tritt. Die Problematik dieser Denkrichtung besteht unter anderem darin, dass zu einem Zeitpunkt der Evolution, etwa zeitgleich mit der Bildung des Gehirns in den Lebewesen, der Geist als Produkt der toten Materie durch Zufall entstanden sein muss und seine jetzige Form durch Selektion weiterentwickelt wurde. Daran sind erhebliche Zweifel angebracht und auch ich teile diese Auffassung nicht.[43] Es gibt weiterhin eine Theorie, die davon ausgeht, dass Materie und Geist schon immer nebeneinander vorhanden waren und sich erst zum Zeitpunkt der Gehirnbildung mit der Materie zusammengefunden haben; der Fachbegriff lautet »Emergenz«, was in etwa so viel bedeutet wie »Aufsteigen« oder »Erscheinen«. Unterschieden wird eine »schwache« und eine »starke« Emergenz; erstere spielt sich sozusagen in der uns zugänglichen Wirklichkeit ab, letztere außerhalb. Auch hier besteht grundsätzlich die Problematik, dass nicht geklärt ist, woraus Geist entstanden ist; im Grunde ergibt sich die Fragestellung wie bei der materialistischen, die Problematik ist vergleichbar.

Eine weitere Denkrichtung ist der sogenannte Panpsychismus.[44] Dieser Begriff bedeutet aus dem Altgriechischen frei übersetzt in etwa »alles ist mit Geist erfüllt«. Danach gab und gibt es niemals eine Trennung zwischen »Geist« und »Materie«.

Der Geist existiert von Anfang an und ist sozusagen mit der Materie eng verwoben, ohne selbst dinglich fassbar zu sein. Hierbei besteht allerdings wiederum die Problematik, dass auch die unbelebte Materie stets Geist enthält, was für viele gedanklich nicht einfach nachvollziehbar ist. Das Grundprinzip der Verwobenheit von »Geist« und »Materie« halte ich allerdings für sinnvoll, weniger aber den Begriff der »Psyche«, weil er mit Fachgebieten verknüpft ist, die sich vorwiegend der menschlichen Psyche widmen, unter anderem zu Fragen der Gesundheit und Krankheit. Deswegen will ich diesen Weg mit einem anderen Begriff beschreiben.

Wirkpotenziale als grundlegendes Gestaltungsprinzip

Im nächsten gedanklichen Schritt kommt es mir darauf an, den erfüllten Raum in den Atomen so zu beschreiben, dass konkret vorstellbar wird, wie überhaupt etwas entstehen kann. Nach meiner Auffassung eignet sich dafür der Begriff »Wirkpotenzial«.[45] Wirkpotenziale sind selbst nicht materieller Natur, enthalten aber in unendlicher Vielfalt alles Vorstellbare an Wirkungen und Möglichkeiten, so auch »dunkle Energie« und »dunkle Materie«. Sie sind deswegen kein »Nichts«, sie sind »Etwas«. Aus ihnen geht alles hervor, was wir konkret sinnlich wahrnehmen, aber auch als Ideen und Phantasie erleben können. Aber eines eint sie: Alle Wirkpotenziale sind unermesslich wirkmächtig und alle wirken weit überwiegend im Verborgenen. Sie entstammen letztlich dem Zustand unmittelbar am Beginn des Urknalls, der undurchschaubaren winzigen Episode, in der alles seitdem Entstandene seinen Ursprung haben soll. Sie reichen bis in eine unerreichbar ferne Zukunft, die uns mit unserem Erkenntnisvermögen ebenfalls nicht zugänglich ist. Sie sind von einer unendlichen und unbeschreiblichen Vielfalt. Sie stehen alle miteinander in Verbindung, wechseln ständig ihre Form und Ausprägung. Alle sind in Bewegung. Sie können unvorstellbar schnell und lebendig sein, sie wirbeln, schwingen und kreisen auf und ab, flitzen hin und her. Aber sie können auch unendlich langsam und träge sein.

Wirkpotenziale verbinden sich ständig zu dynamischen Prozessen und bilden alles Wahrnehmbare aus dem Verborgenen, kontinuierlich nacheinander, in unvorstellbar kurzen Zeiträumen.[46] Dabei werden sie zur Realität in unterschiedlicher Gestalt in unendlicher Komplexität und Vielfalt. Gewissermaßen entstehen winzige Verdichtungszonen, aus denen alle Elementarteilchen, alle Atome und alle Strukturen in unserer Natur und im gesamten Kosmos bestehen, auch die Naturkonstanten und fundamentalen Wechselwirkungen, die am Formen und Verbinden von Masse und Energie beteiligt sind. Alles, was wir Menschen konkret mit unseren Sinnen erfassen können, wird aus Wirkpotenzialen gebildet. Sie enthalten alles an Möglichkeiten, die es in der Vergangenheit gegeben hat und auch künftig geben wird. Da aus ihnen alle materiellen Verdichtungszonen immer wieder neu gebildet werden, besteht aus ihnen damit auch die gesamte Materie; sie erscheint uns in unserer sinnlichen Wahrnehmung in zahlreichen Formen dort als verlässlich stabil, wo die Verdichtungszonen immer wieder gleichförmige Muster bilden. Nur einen winzigen Anteil der aus Wirkpotenzialen gebildeten Verdichtungen in ihren unterschiedlichen Formen, aber immerhin die, können wir mit unseren menschlichen Fähigkeiten erfassen und berechnen, durchaus mit hoher, teilweise höchster Präzision. Sie werden dann konkret fassbar, real, vorstellbar, wissenschaftlich. Die Wirkpotenziale formen den kleinen, aber höchst bedeutsamen Teil des Ganzen immer wiederkehrend nach Regeln, die aus ihren wechselseitigen Beziehungen hervorgehen. Sie nutzen dabei eine oder einige wenige ihrer unbegrenzten Möglichkeiten und Wirkungen, alle anderen bleiben ungenutzt.

Wirkpotenziale sind somit keineswegs unwirklich. Sie gestalten das für uns Erfahrbare und auch all das, was uns nicht zugänglich ist. Denn über den winzigen materiellen Anteil hinaus gibt es ja sehr viel mehr und dieser weitaus überwiegende Anteil der Wirkpotenziale ist keinesfalls hoch verdichtet und kann dem Bereich des Geistigen zugeordnet werden. Wirkpotenziale erzeugen somit nicht nur materiell Fassbares, sondern auch Gefühle, Gedanken und Gespürtes, Ideen und Erinnerungen, Träume und Phantasien, alles für uns Vorstellbare. Zu Erinnerung: Wichtig ist, dass Wirkpotenziale immer in beides einmünden, in Teilchen und Wellen, in dinglich Fassbares und in dinglich nicht Fassbares. Alles Wirkliche ist in diesem Bild vereint, vom Vergangenen über das Diesseitige bis in alle Zukunft. In diesem Denken kann es auch keine Kategorien geben, die strikt voneinander getrennt sind; auch hier gilt, dass alles mit allem verbunden ist.

Alle Wirkpotenziale bilden ein umfängliches Prozessgeschehen

Mit der Gesamtheit der Aktivitäten der Wirkpotenziale entsteht eine »Wirkdynamik«, ein hoch komplexes Geschehen aus unvorstellbar vielfältigen, aktiv beweglichen und zugleich effektvollen Prozessen. Entscheidendes Merkmal jedes Wirkpotenzials ist seine unfassbare Vielfalt an Möglichkeiten. Solange sie im Verborgenen wirken, sind ihre Einflussmöglichkeiten unbegrenzt.

Jedes einzelne Wirkpotenzial hat damit eine Geschichte, die, naturwissenschaftlich betrachtet, ohne Unterbrechung bis zum Urknall zurückreicht und in alle Zukunft fortgeschrieben wird. Zusammenfassend können diese Vorstellungen über die Rolle der Wirkpotenziale mit dem Begriff »Pandynamismus« umschrieben werden, der aus dem Griechischen übersetzt »allumfassende Kraft« meint.[47]

Mit diesen aus Wirkpotenzialen gebildeten Prozessen hat alles, vom Allergrößten bis ins Allerkleinste hinein, Anteil am ewigen Werden und Vergehen. Schlicht ausgedrückt: Alles besteht im Grunde aus Wirkpotenzialen. Sie waren schon immer da und sie werden auch immer da sein. Es gibt nach meiner Auffassung in der Evolution keine voneinander abtrennbaren oder aufeinander aufbauenden Stufen der Entwicklung von Geist und Materie, selbst wenn es uns auf den ersten Blick so erscheinen mag. Alles, was wir aus vergangenen Kulturen entdecken, ausgraben, bewahren und konservieren, ist nur ein winziger, seinerzeit verdichteter Anteil dessen, was die Gesamtheit der damals gegenwärtigen Wirkpotenziale umfasst hat. An diesem Anteil aus der jetzt mit unseren Möglichkeiten ergründbaren Phase der Kulturgeschichte war alles, was es an ihren Einflussmöglichkeiten damals gab, jetzt gibt und künftig geben wird, schon beteiligt.

Hierzu einige konkrete Beispiele:
Ich schlage vor, Wirkpotenziale mit unterschiedlichen Formen ihrer Auswirkungen zu betrachten. Alle Wirkpotenziale mit allen nur denkbaren Möglichkeiten, irgendetwas auszugestalten, seien es materielle Strukturen oder immaterielle Gegebenheiten. Sie haben seit dem Urknall sozusagen alles gelernt, was es jemals irgendwo und irgendwie gegeben hat und diese Lern-

erfahrungen stehen ihnen unbegrenzt zur Verfügung. Sie wirken vor dem Hintergrund ihrer bisherigen Geschichte, ihrer Beteiligung und aus der Verbindung mit allen anderen Wirkpotenzialen an der momentanen Gegenwart, aber zugleich an der Zukunft mit. Die Gegenwart ereignet sich immer nur in einem extrem winzigen Moment, in dem die daran beteiligten Wirkpotenziale zur Substanz oder auch zu etwas Immateriellen werden. In immerwährender Abfolge bilden sie Prozesse, die zu etwas für uns Erkennbaren führen können.

Nehmen wir an, Wirkpotenziale sind an einem Felsen beteiligt. Die an der Gestaltung des Felsens beteiligten Wirkpotenziale kommunizieren mit anderen aus ihrer Umgebung, was zu einem gemeinsam gestalteten und zugleich gestaltenden Prozess führt, der im Moment die gegenwärtige, aber auch die zukünftige Struktur in diesem Felsen bestimmt. Diese Wirkpotenziale können aber im nächsten Moment auch an ganz anderen Orten ihre Wirkung entfalten, denn ihre Möglichkeiten sind stets unendlich groß. Im Kontrast dazu stelle ich mir Wirkpotenziale vor, die etwa an der Bildung des Herzschlags eines Menschen beteiligt sind, oder auch an einem geistigen Vorgang, einer Idee. Das Prinzip ist das Gleiche wie das bei der Bildung des Felsens. Auch diese Wirkpotenziale entstammen der unerreichbaren Anfangsphase beim Urknall und allen dort enthaltenen Möglichkeiten, erzeugen aber naturgemäß in einem Organ oder bei der Gestaltung eines geistigen Vorgangs nicht die gleiche Beständigkeit wie in einer stabilen Struktur. Aber auch sie haben ihre Geschichte, mit der sie sich an der Zukunft dieses Menschen beteiligen. Es besteht eine Verbindung mit allen anderen Wirkpotenzialen. Es wird von ihnen nun eine der unendlich vielen Möglichkeiten genutzt, nämlich an der Existenz dieses Menschen mitzuwirken, nur in einem extrem winzigen

Moment. Der Mensch wiederum ist kein passiver Empfänger der Wirkung, sondern steht mit ihnen in Zusammenhängen und nimmt an seiner Herzaktivität und an seinen Gedanken teil, beispielsweise durch Ruhe oder Anstrengungen, seien sie körperlicher oder geistiger Natur. Die im Herzen und bei Ideen aktiven Wirkpotenziale gestalten nach Erfüllung ihrer Aufgabe weiter die Zukunft dieses Menschen oder werden im nächsten Moment an ganz anderer Stelle wirksam. Ihre Möglichkeiten sind dabei immer grenzenlos.

An diesen Beispielen ist abzulesen, dass Fügungsprozesse bei der Bildung von materiellen Substanzen und nicht materiellen Zuständen einander ganz ähnlich sind. In dem einen Fall nutzen Wirkpotenziale ihre Möglichkeiten, Beständiges zu erhalten, im anderen Fall ihre Möglichkeiten, um am Lebendigen mitzuwirken, und im dritten Fall, ein gesamtes Gefüge an Ideen mitzugestalten. Die unbegrenzt vielfältigen anderen Möglichkeiten der jeweilen Wirkpotenziale bleiben dabei nicht genutzt, stehen aber in anderen Zusammenhängen stets zur Verfügung. Allen gemeinsam ist, dass sie Einfluss auf die Zukunft haben, in jeder Hinsicht, sei es in substanzieller oder in ideeller Form.

Ich habe mit den genannten drei Beispielen nur drei einzelne, sehr umschriebene Wirkungen vorgestellt, jeweils in nur einem ganz extrem kurzen Augenblick. In der Gesamtheit aller Auswirkungen aller Wirkpotenziale ergibt sich ein geradezu überwältigend buntes Bild der Wirkdynamik in unserer Welt. Wenn ich darüber nachdenke, empfinde ich angesichts meiner eigenen Existenz eine große Ruhe, Gelassenheit und habe das Gefühl der Geborgenheit und Verbundenheit mit allem. Ich bin zwar nur ein kleiner Anteil des Ganzen, habe aber trotzdem grundsätzlich an allem Anteil, selbst wenn er in messbarer Form nur gering sein mag.

Die vierte wichtige Erkenntnis: Wirkpotenziale bilden seit jeher in Form von Verdichtungen alles Materielle und Ideelle in grenzenloser Vielfalt – von den atomaren Bestandteilen bis hin zu Planetensystemen und erscheinen uns als das mit unseren menschlichen Möglichkeiten Erfassbare.

Ich bin am Ende meiner Beschreibung naturwissenschaftlich begründeter Zusammenhänge angelangt. An dieser Stelle sei nochmals zusammengefasst:

Alles Materielle ist verschwindend klein.
Alles Nichtmaterielle ist überwältigend groß.
Im Grunde ist
- nichts fest und in ständiger Wandlung,
- alles miteinander verbunden,
- unbegrenzt vielfältig und
- unvorstellbar dynamisch.

Abschließend ist ausdrücklich zu betonen, dass meine Schilderungen sich nicht im Bereich von abgehobenen Phantastereien oder in esoterischen oder fundamentalistischen Gefilden bewegen. Die stark vereinfachten Beschreibungen, die dargestellten Beispiele und meine Interpretationen beruhen auf der Grundlage von physikalischen Erkenntnissen. Sie lehnen sich an Diskussionen an, die in verschiedenen Wissensbereichen geführt werden. Ich werbe dafür, ein mit diesen Erkenntnissen übereinstimmendes, ganzheitliches Weltbild in die eigene Wahrnehmungswelt zu integrieren. Gelingt dies, eröffnen sich Perspektiven, die bei so manchen Fragen zu unserer eigenen Lebenswirklichkeit weiterhelfen können.

II. Ganzheitliches Leben im Alltag

Grundwirklichkeit und Weltwirklichkeit

In diesem Abschnitt geht es mir darum, die bisherigen Gedanken für den Umgang im Alltag verfügbar zu machen, sie sozusagen in unsere Erlebniswelt zu übersetzen. Zunächst will ich zur besseren Orientierung zwei Begriffe einführen, mit denen im Blick auf das Ganze, also auf die *Gesamtwirklichkeit*, gedanklich zwei Bereiche unterschieden werden können, die *Grundwirklichkeit* und die *Weltwirklichkeit*.[48]

Die *Grundwirklichkeit* ist tatsächlich grundlegend. Der Begriff steht für den riesigen, uns zwar nicht unmittelbar substanziell, aber geistig zugänglichen Wirkungsbereich, an dem fast ausschließlich die unzugänglichen, unvorstellbar vielfältigen Wirkpotenziale beteiligt sind und die hauptsächlich »Geist«[49], »Psyche«[50], »Idee«[51] oder »Noosphäre«[52] hervorbringen. Die Grundwirklichkeit birgt eine gewaltige Gestaltungskraft. Mittels der Wirkpotenziale wird auf der einen Seite an der Grenze zur Weltwirklichkeit die Realität gebildet, zum anderen reicht sie auch an alles heran, was wir Menschen niemals gedanklich erfassen können, auch nicht bei allergrößten intellektuellen Begabungen und geistigen Anstrengungen – all das, was wir »Jenseits« nennen. Die Grundwirklichkeit wird von uns Menschen als Denken über Grenzen hinweg »er-lebt«. Sie kann niemals zur absoluten Ruhe kommen, sie besteht sozusagen ausschließlich aus der Dynamik der Wirkpotenziale in den unterschiedlichsten Ausprägungen.

Die *Weltwirklichkeit* hingegen bildet den in der Welt erfahrbaren Wirkungsbereich, vorrangig die uns zugängliche, durch Wirkpotenziale am höchsten verdichtete Realität. Sie nimmt den weitaus geringeren Anteil der Gesamtwirklichkeit ein, das »Billionstel« mit der Materie in allen denkbaren Formen und Gestalten. Die Weltwirklichkeit umfasst alle Atome mit ihren materiellen Bestandteilen, alle Moleküle, Masse und Energie, die fundamentalen Wechselwirkungen und Naturkonstanten sowie sämtliche wissenschaftlich erfassbaren Gesetze, Regeln, Formeln und Strukturen. Sie hat für uns Menschen elementare und alltägliche Bedeutung, denn nur sie können wir mit unseren Sinnen erfassen und in unsere logischen Denkmuster einordnen. Ihr ist alles zugehörig, was wir an unserem Körper als »Fleisch und Blut« wahrnehmen, also alles, was wir konkret begreifen und beschreiben oder mit Apparaten, Mikroskopen und bildgebenden und anderen Verfahren messen können. In diesem Bereich ist auch die körperliche Ausprägung von Gesundheit und Krankheit angesiedelt. Alles, was wir als Materie erkennen, ist lebendiges »Schwingen« der Wirkpotenziale, ein winziger Anteil, der als Weltwirklichkeit zwar mit unseren Sinnen als stabil erlebt wird, gleichwohl nie zur absoluten Ruhe kommen kann.

Zwischen Grundwirklichkeit und Weltwirklichkeit gibt es fließende Übergänge.[53] In den Übergangsbereichen ist vor allem das Lebendige zu verorten, denn hier gibt es Mischformen in unermesslicher Vielfalt, in denen sich zum Beispiel »Materie« und »Geist« eng verbinden. Auch die bereits erwähnte »dunkle

Materie« und die »dunkle Energie« haben dort ihre Verortung. Wenn sich ihre reale Existenz bewahrheiten sollte, würde sich folgerichtig der winzige uns zugängliche materielle Bereich, den ich mit dem Begriff »Billionstel« umschrieben habe, dementsprechend erhöhen,[54] aber noch ist es nicht so weit.

Ich habe bereits erwähnt, dass die strikte Unterscheidung zwischen den materiellen Substanzen und dem Geistigen ohnehin überholt ist und der Korrektur bedarf. Schließlich verarbeiten wir neben den Sinnesempfindungen, die Eindrücke unmittelbar aus unserer Umgebung wiedergeben, auch Qualitäten, die weit über rein dinglich materielle Dimensionen hinausgehen. Beispielsweise kann bei einem Menschen der Anblick einer Pflanze höchste Verzückung auslösen, bei einem anderen konsequente Ablehnung und bei einem dritten herrscht völlige Gleichgültigkeit, auch wenn alle drei unter Nutzung ihrer – weltwirklichen – Sinne die gleiche Pflanze betrachten. Zahllose weitere Beispiele könnten hinzugefügt werden. Die beschriebenen unterschiedlichen Formen der Verarbeitung und Bewertung sind in aller Regel nicht direkt durch objektive Messergebnisse nachvollziehbar, demnach der Grundwirklichkeit zuzuordnen. Damit eröffnet sich ein unendlich vielfältiger Raum für Wahrnehmungen und Interpretationen, die aber gemessen an der unfassbaren Fülle an Wirkpotenzialen und ihren unbegrenzten Möglichkeiten nur einen extrem winziger Ausschnitt aller daran beteiligten Vorgänge aus der existenziellen Tiefe darstellen. Halten Sie sich die Dimensionen noch einmal vor Augen! Und vor allem: Auch dieser nahezu verschwindend kleine Anteil ist nicht »fest«, sondern kraftvoll und lebendig zugleich, er gestaltet schließlich ganz zentral unser Menschsein.

Aber wie kommt es eigentlich zu stabilen Strukturen, zu berechenbaren Naturgesetzen und zu durchaus übersichtlichen und geordneten Abläufen? Wesentlich ist dabei: Strukturen werden mit den Aktivitäten der Wirkpotenziale in einer unvorstellbaren Dynamik ständig geordnet. Hier gilt das Gleiche im Großen wie im Kleinen, es ist Aufgabe der fundamentalen Wechselwirkungen, die Atome in ihren Bestandteilen und unseren Kosmos als Gesamtgebilde zusammenzuhalten. Es sind die Naturkonstanten, die allem eine Grundordnung geben. Es sind chemische Verbindungen, die Moleküle und aus ihnen die bekannten organischen und anorganischen Substanzen gestalten. Wir Menschen sind eingebunden in dieses Gesamtgefüge, das unerschöpflich lebendig ist. In jedem Moment wird alles immer und immer wieder neu gefügt und geschaffen, nicht nur jedes winzig kleine Atom, sondern jeder Planet, jede Galaxie, alles, was es gibt. Unsere Weltwirklichkeit ist das Ergebnis dieser grenzenlos vielfältigen Prozesse. Sie besteht letztlich aus der Gesamtheit der Realisierung von einer der unbegrenzten Möglichkeiten der Wirkpotenziale. Ein bekannter Physiker hat diesen schöpferischen Vorgang als »Massenmord an Möglichkeiten« bezeichnet.[55] Das ist zwar kein wirklich schöner Begriff für all die Prozesse, aus denen die Weltwirklichkeit hervorgeht. Er verdeutlicht aber recht plastisch den Unterschied zwischen den unbeschreiblich mannigfaltigen Möglichkeiten der Wirkpotenziale einerseits und andererseits dem winzigen Ausschnitt, den wir in unserer Welt wahrnehmen, ergreifen und begreifen können. Letztlich sind aber die Vorgänge, die zum Konkreten führen, unbegreiflich, unfassbar und untrennbar miteinander verbunden. Und schließlich wird dadurch überhaupt jede Existenz ermöglicht. Das Wenigste wird zu konkreten Formen und Strukturen; mit ihnen kann man aber umgehen und dann erscheinen sie als solide, obwohl sie dies in ihren tief gegründeten Zusammenhängen nirgends und niemals sind.

In der fernöstlichen, insbesondere der indischen Philosophie gibt es dafür den Begriff »Advaita-Vedanta«.[56] Jeder Versuch, die Bedeutung dieses Begriffs direkt in unsere Sprache zu übertragen, muss wohl scheitern. Hervorgehoben wird in der Regel die Abgrenzung zum westlichen Denken, das in vielerlei Hinsicht durch voneinander – teils strikt – unterschiedene Kategorien geprägt ist. Gemeint ist demgegenüber mit »Advaita-Vedanta« eine Sichtweise der »Nicht-Dualität«, also der Versuch, in vollkommener Einheit zu denken und zu leben. Der Hinweis auf »Advaita-Vedanta« macht beispielhaft klar, dass die von mir entwickelte Weltsicht keineswegs abwegig, sondern in ihren Grundzügen von sehr vielen Menschen als etwas ganz Selbstverständliches erlebt und gelebt wird. Sich dieser Denkweise in ihren Grundzügen zu nähern, ist Teil meiner Anregungen, selbst wenn auch ich im alltäglichen Leben weiter in Kategorien denke und unterscheide. Hinzu kommt, dass christliche Glaubensinhalte in entscheidenden Fragen andere Akzente setzen als das fernöstliche Denken, worauf ich noch näher eingehen werde.

Abkehr vom linearen Denken

Natürlich wüsste auch ich gerne ganz genau, wie aus den mit den Wirkpotenzialen gestalteten Prozessen in der Grundwirklichkeit Materie in der Weltwirklichkeit entsteht. Da kein Mensch jemals direkt vollständigen Einblick in diese Vorgänge gewinnen wird, schlage ich vor, dafür weitere Bilder zu entwerfen und dazu eine Erzählung zu gestalten. Meine Gedanken dazu möchte ich im Folgenden vorstellen.

In aller Regel wird davon ausgegangen, dass immer dann, wenn etwas passiert, zuvor eine rational erfassbare Ursache vorhanden ist und dann der Zusammenhang zwischen Ursache und Wirkung mit unseren menschlichen Fähigkeiten festgestellt und nachvollzogen werden kann. Ein Beispiel ist das Billardspiel: So wie eine Billardkugel stets durch einen gezielten Stoß bewegt werden muss, müsste alles, was sich in unserer Welt ereignet, immer und bis auf das allerletzte auf einen eindeutig definierbaren Anstoß oder Anlass zurückgeführt werden. Diese Annahme musste mit den Erkenntnissen der Quantentheorie aufgegeben werden. Denn nicht nur die Billiard spielende Person, auch alles andere an diesem Vorgang Beteiligte hat eine Geschichte, die bis an den Beginn unseres wissenschaftlichen Erkenntnishorizonts zurückreicht. Dabei unterliegt prinzipiell alles dynamischen Veränderungen bis zum und während des Moments des Stoßes auf die Billardkugel: Der Mensch ohnehin, das ist leicht erkennbar. Aber auch alles andere, das Spielgerät, – der »Queue« –, der Tisch, das Gebäude und so weiter, letzteres natürlich in winzigen Dimensionen und für unsere Augen nicht wahrnehmbar, in der Tiefe aber als fortwährender Vorgang. Insofern ist der Vorgang zwischen Stoß und Bewegung der Kugel nur ein extrem winziger Ausschnitt aus dem Ursache-Wirkungsgefüge insgesamt, der sich immer mehr ins nicht mehr Erfassbare auflöst, je näher er an dem Beginn unseres Erkenntnishorizonts heranreicht.

Ich habe bereits das Phänomen des »Indeterminismus« erwähnt. Im Allerletzten können wir nichts absolut Unveränderliches finden, also nach naturwissenschaftlichen Erkenntnissen auch keinen »festen Grund«, auf dem alles aufgebaut und dann daraus abgeleitet werden könnte. Allerdings ist es in den zurückliegenden Jahrzehnten in vielen Disziplinen der Wissenschaft gelungen, sehr weit in die Ereignisfolge zwischen Ursache und Wirkung vorzudringen. Dennoch werden wir stets dabei an

Grenzen stoßen, denn letzten Endes macht ein prozesshaftes dynamisches Geschehen in der Gesamtwirklichkeit das vollständige Erfassen einer Beziehung zwischen Ursache und Wirkung unmöglich.

Wandlung im Denken

An dieser Stelle angekommen, ist ein kurzes Innehalten angebracht. Es ist doch einiges zutage getreten, mit dem so nicht zu rechnen war. Der körperlich-substanzielle Anteil von allem, auch von uns, soll tatsächlich so winzig sein? Alles ist außerdem nicht einmal richtig fassbar? Alles steht miteinander in Beziehung, nicht nur wir Menschen untereinander, sondern wir auch mit allem anderen? Und aus dem riesigen Bereich der Grundwirklichkeit heraus wird der winzige Bereich der Realität als Teil der Weltwirklichkeit gebildet? Es ist geradezu eine Umkehrung dessen, was wir immer gelernt und erlebt haben. Das war doch »alles«: Wir selbst als Person und auch alle anderen Menschen, die Tiere, das Wasser und die Meere, Luft, Erde, Berge, Täler, Häuser, Städte, Straße, Autos, alle Planeten und Sonnensysteme. All dies soll letztlich nur ein winziger Anteil sein, geradezu unscheinbar?

Auf meiner Suche nach Gesamtzusammenhängen und damit nach Sinn ist dies einer der entscheidenden Gedanken. Es geht darum, was wirklich die Wirklichkeit bildet. Worauf es wirklich ankommt. Kommt es auf das Substanzielle und das Materielle in der Welt an? Nicht wirklich. Es geht mir gar nicht um die Frage einer bekräftigenden und bestätigenden naturwissenschaftlichen Erkenntnis. Ganz im Vordergrund steht eine bildliche Vorstellung über die unzugänglichen Bereiche unserer

Existenz, die aber eine sehr bedeutsame, vielleicht sogar entscheidende Rolle spielen könnten. Es ist die Vorstellung von einer unendlich kraftvollen, alles tragenden und gestaltenden Lebendigkeit, die uns Menschen, die Natur und den gesamten Kosmos umfängt, mit der alles mit allem verbunden ist und in der wir geborgen sind. Und führt es uns nicht vor Augen, wie wirklich wichtig die Beziehungen sind, mit denen alle Menschen untereinander und mit allem verbunden sind? Lebendigkeit ist nicht gleichzusetzen mit Leben, darauf komme ich noch zurück. Lebendigkeit gibt es in der Grundwirklichkeit und in der Weltwirklichkeit und in ihren ständig wirksamen wechselseitigen Beziehungen. Der beste Beleg für diese allgemeine und wechselseitig wirksame Lebendigkeit ist die Tatsache, dass ausnahmslos alles einem ständigen Werden und Vergehen unterliegt.

Ich will wieder die bildliche Vorstellung von der höchsten Lebendigkeit der Natur mit der glasklar durchsichtigen Welt und den feinen Strukturen in Erinnerung rufen. Ich rege an, zunächst das zu betrachten, was wir als Leben erleben. Es gibt in unserem menschlichen Körper Zellgewebe, Organe und das Knochengerüst, ein Körper mit Stärken und Schwächen. Niemand kann etwas dagegen einwenden, wenn wir unseren Körper und alles andere Lebendige als etwas Substanzielles wahrnehmen, das wir mit Hilfe der naturwissenschaftlichen Disziplinen bis in kleinste atomare Strukturen hinein immer detaillierter kennenlernen. Genauso ist es mit dem Unbelebten. Ein Stein besteht aus charakteristischen chemischen Elementen und so ist es gleichermaßen bei Wasser, Luft, Erde, Metall, Diamant und so weiter. Auch in dieser Hinsicht können in den Naturwissenschaften engagierte Menschen ziemlich genau sagen, woraus dies alles besteht, einschließlich dazu gehörender Werdegänge und Formeln. Aber das gilt immer nur für die Teilbereiche, die ihnen bekannt sind. Wenn wir Berichte und Erklärungen aus der Wissenschaft verfolgen, werden wir zur Erkenntnis gelangen, dass es fast immer lediglich um das geht, was ich mit dem »Billionstel« der Weltwirklichkeit umschrieben habe.

Auf den ersten Blick könnte es uns damit ganz gut gehen. Ich meine jedoch: Diese verengte Perspektive wirkt wie ein Gefängnis. Wir verlieren dadurch den Blick für das Weite und die dort geborgenen Zusammenhänge. Deswegen möchte ich dazu ermuntern, das Denken in größeren Zusammenhängen einzuüben. Manche weisen es als »Spekulation« zurück, es darf das scheinbar Unwirkliche einfach nicht geben. Es gehört aber, davon bin ich überzeugt, zu den elementaren Menschenrechten, Grenzen des gewohnten Denkens zu überschreiten. Ich will meinen Weg trotz aller Einwände weitergehen und ich begebe mich ganz bewusst auf diese Reise ins Ungewohnte. Es mag zunächst als Wagnis erscheinen, aber, wenn Sie mir folgen wollen: Nur Mut!

Ich erwähnte das Orbital-Atommodell. Mit ihm gibt es keine absolut konkrete Zuordnung der Elektronen zum Atomkern; vielmehr wird der Aufenthaltsort der Elektronen in Wahrscheinlichkeiten zum Ausdruck gebracht, die am ehesten im Umfeld des Atomkerns vorhanden sind. Sie können aber prinzipiell überall, sogar im ganzen Kosmos in Erscheinung treten! Eine Beziehung gibt es nicht nur zwischen einzelnen Atomen, die beispielsweise ein Molekül bilden, demnach chemische Verbindungen eingehen. Jenseits dieser konkreten Verknüpfungen sind die fast unvorstellbar vielen Atome des Kosmos miteinander verbunden, sie haben keine trennenden Grenzen, sie stehen ohne jede Ausnahme in einer ganzheitlichen Beziehung, die sich über den gesamten Kosmos hin erstreckt. Wenngleich in der Weltwirklichkeit an einer chemischen Verbindung der Atome zu Molekülen nur die Elektronen beteiligt sind und die Atomkerne in ihrem substanziellen Gefüge im Wesentlichen erhalten bleiben,[57] bilden alle Atome eine Gesamtheit, die den Kosmos umfasst bis an die Grenzen des für uns Menschen Vorstellbaren. Und ganz wichtig ist, dass Sie und ich und alle Menschen ganz genauso in diese Gesamtheit, die Gesamtwirklichkeit eingebunden sind; sie ist die »eigentliche« Wirklichkeit, als Ganzes gemeinsam gefügt aus Grundwirklichkeit und Weltwirklichkeit. Trennungen und Unterscheidungen gibt es nur in der winzigen Weltwirklichkeit, dort sind hilfsweise Unterteilungen in Kategorien vertretbar, sie verlieren aber in der Gesamtwirklichkeit an Bedeutung, die sie in Bereichen der Weltwirklichkeit haben.

Lebendig oder nicht – alles ist miteinander verbunden

Ich will versuchen, auch dies in einem Vergleich so zu übersetzen, damit klar wird, worin zum einen der Unterschied zwischen Grundwirklichkeit und Weltwirklichkeit besteht und was zum anderen das Gemeinsame ausmacht.

Stellen Sie sich vor, Sie sitzen auf einem Stuhl und an einem Tisch. Sie erleben sich selbstverständlich als lebendiger Mensch. Sie gehen natürlich davon aus, dass Sie sich grundlegend von der Substanz, aus der Stuhl und Tisch hergestellt wurden, also zum Beispiel aus Holz, Metall, Kunststoff oder dergleichen, unterscheiden. Sie sind vermutlich an folgende Vorstellung gewöhnt: »Ich bin ein Mensch aus Fleisch und Blut, ich bin lebendig. Und der Stuhl und der Tisch sind Möbelstücke, haben also nichts Lebendiges. Ich bin erstens ganz anders als dieses Möbelstück und zweitens bin ich auch vollständig davon getrennt.« Das gleiche gilt, wenn Sie an dem Tisch möglicherweise Ihrem Ehepartner oder einem Freund oder einer Freundin gegenübersitzen.

Vermutlich werden Sie sich auch in dieser Situation sagen: »Mit diesem Menschen lebe ich gern und will das in seiner Gegenwart auch weiter tun. Aber trotzdem bin ich ein anderer Mensch, eine andere Person. Ich bin ich und du bist du, wir beide sind zwei vollständig voneinander getrennte Personen.«

Im Gefüge der Grundwirklichkeit sind jedoch wir Menschen mit anderen Menschen, ja sogar mit allem, was es im gesamten Kosmos gibt, untrennbar verbunden. Denken Sie an die bildliche Vorstellung von der klaren, nur von feinem Gewebe durchwobenen Welt. Die Weltwirklichkeit in Ihnen und in allen Lebewesen und in der ganzen Natur hingegen entspricht dem feinen Gewebe; ihn ihm gibt es Unterscheidungen und Kategorien. Die klare Umgebung entspricht der Grundwirklichkeit, die alles umfasst und durchwirkt. In ihr gibt es nichts wirklich Trennendes, nirgends und zu keiner Zeit. Nur in der Weltwirklichkeit wird das Trennende und Getrennte zur Realität.

Ist es überhaupt möglich, so etwas in unsere Weltsicht zu übernehmen? Ja, ich gebe es zu: Es ist auch für mich einfacher, mich ausschließlich auf die vermeintlich klare Realität, also die Weltwirklichkeit zu beschränken. Diese Sichtweise des alles Verbindenden wirkt auf den ersten Blick befremdlich. Deswegen liegt es nahe, zur besseren Orientierung alles in Kategorien einzuordnen. Unser eigener Körper, die Körper anderer Menschen – selbstverständlich getrennt. Tisch, Stuhl, alles andere – natürlich voneinander getrennt. Das ist die übliche Wahrnehmung. Diese Trennung gedanklich vorzunehmen, ist unser gutes Recht. In aller Regel werden wir im normalen Leben wohl weiter damit umgehen müssen. Zugegeben: Anders ist es auch kaum möglich, den Alltag zu bewältigen.

Aber jetzt wissen wir: Es ist ganz anders vorstellbar und das mit guten Gründen! Ich empfehle Ihnen: Wenn Sie möchten, versuchen Sie doch, immer wieder aus der alltäglichen, unterscheidenden und trennenden Vorstellung der Weltwirklichkeit heraus in die alles verbindende Vorstellung der Gesamtwirklichkeit zu wechseln. Es mag sich zunächst ungewohnt, vielleicht auch unangenehm anfühlen. Wer sich mit diesen Gedanken beschäftigt, gelegentlich die verbindende, ganzheitliche Vorstellung einübt und sich sogar damit anfreunden kann, gelangt zu ganz Neuem, bisher Ungewohntem. Ich empfinde die verbindende Sichtweise mit Hilfe der bildlichen Vorstellung von der fein strukturierten, höchsten Lebendigkeit der Natur inzwischen als eine schöne und auch anregende Anschauung der Welt um mich herum, der ich mich in jeglicher Hinsicht, nicht nur »psychisch«, verbunden fühle. Es gibt über die untrennbare Verbindung zwischen Grundwirklichkeit und Weltwirklichkeit kein absolutes Subjekt mehr und kein absolutes Objekt, sondern eine wahre und wahrhaftige Ganzheitlichkeit in Beziehungen, die erlebbar ist und empfunden werden kann. Und nicht zuletzt wird damit auch deutlich, dass ich in dieser Verbundenheit nicht allein und verloren bin, sondern in dieses Ganze hinein nach meinen Möglichkeiten auch selbst wirksam werden kann.

Gerade deswegen ist diese Vorstellung für mich eine faszinierende Interpretation der physikalischen Erkenntnisse aus dem vergangenen Jahrhundert, ein ganzheitliches Weltbild und eine umfassende Wahrnehmung in konsequentester und vollkommenster Form. Es sei an dieser Stelle angemerkt, dass es zu diesem Weltbild schon ungezählte philosophische, theologische und naturwissenschaftliche Denkansätze gibt, die dieses ganzheitlich Verbindende in oft sehr schöner, anschaulicher und eindrucksvoller Weise beschreiben. In meiner bewusst einfach gehaltenen Darstellung soll darauf nicht näher eingegangen werden. Ich achte allerdings mittlerweile sehr darauf, ob ich in

Erzählungen anderer Menschen zu welchen Themen auch immer Ansätze für diese Sichtweise erkennen kann. Ist dies der Fall, erschließt sich mir eine Fülle neuer gedanklicher Zugänge, die ich als großen Gewinn erlebe.

Zu meinem Bedauern gibt es sehr viele Menschen, auch berühmte Wissenschaftlerinnen und Wissenschaftler, die einen möglichen Zugang zur Grundwirklichkeit ausblenden. Nicht wenige gehen sogar so weit zu behaupten, die komplette Wirklichkeit und das ganze Weltgeschehen sei aus der Materie heraus und mit den uns bekannten Naturgesetzen zu beschreiben und zu erklären und das gelte es nur immer weiter zu optimieren. Ich kann und will diesen Gedanken angesichts der von mir bildlich dargestellten Zusammenhänge nicht folgen, ein derartiges Weltbild ist mir zu einfach und zu ärmlich. Für mein Fachgebiet als Arzt fühlt sich dies schlicht so an, als würde man einen menschlichen Körper mit einer Maschine und ein Gehirn mit einem Computer vergleichen. Für mich kaum erträglich!

Naheliegend ist durchaus, dass in der Naturwissenschaft tätige Menschen mit Bereichen, die ihnen aus prinzipiellen Gründen für alle Zeiten verschlossen bleiben werden, nichts anfangen können. Sie leben ja schließlich mit und von der Forschung und Lehre in den ihnen materiell zugänglichen Wissensgebieten. In diesen Arbeitsbereichen mag es verständlich sein, dass alles andere ausgeblendet wird. Sehr bedauerlich und eigentlich sogar traurig ist, dass dieses Ausblenden mittlerweile in weiten Teilen der Bevölkerung Eingang gefunden hat. Verloren geht damit eine große und sehr wünschenswerte Weite des Denkens. Natürlich hat das damit zu tun, dass die enormen technischen Entwicklungen uns in der zweiten Hälfte des zurückliegenden Jahrhunderts bei allen weiter bestehenden Mängeln deutliche Fortschritte gebracht haben, keineswegs nur zum Guten, und ein Ende ist ja gar nicht abzusehen. Dies mag einer der Gründe dafür sein, dass sich der Blick vieler Menschen zunächst auf das konkret Erfassbare, auf die Weltwirklichkeit richtet.

Ganzheitliches Denken hat elementare Bedeutung

Aber gerade deswegen hat nach meiner Auffassung die Beschäftigung mit den Zusammenhängen zwischen Grund- und Weltwirklichkeit enorme Bedeutung. Zwischenmenschliche Rücksichtnahme wird im ganzheitlichen Denken, Spüren und Leben eher zur Selbstverständlichkeit, etwa um Krankheiten und soziale Verwerfungen zu verhindern. Von hoher Relevanz sind schließlich die heute sehr gegenwärtigen und in ihren Auswirkungen immer intensiver diskutierten Zusammenhänge der Beziehungen zwischen den Völkern dieser Erde. Sie werden durchaus konkret in Form von Wirtschaft, Wissenschaft, Information, Natur, Umwelt oder nicht zuletzt hinsichtlich unterschiedlicher Glaubenshaltungen – mit allen Konsequenzen, leider auch denen, die mit furchtbaren Gewaltanwendungen und Katastrophen einhergehen. Es wird doch überdeutlich, dass ein ganzheitliches Weltbild, das sich weit über physikalisch und rechnerisch erfassbare Substanzen und Messgrößen hinaus erstreckt, nicht nur viel eher unserer Lebenswirklichkeit entspricht, sondern uns bei der aktiven Gestaltung einer besseren Zukunft weiterbringen kann.

Was bedeuten aber nun die bahnbrechenden Erkenntnisse aus dem 20. Jahrhundert für unsere Weltsicht? Was ist die Konsequenz aus dem riesigen Ungleichgewicht zwischen Weltwirklichkeit und Grundwirklichkeit? Welche Relevanz hat die alles durchwirkende Dynamik, die sich insbesondere in der Grundwirklichkeit und zum geringeren, für uns Menschen aber so begreifbaren Teil in der Weltwirklichkeit entfaltet? Was folgt aus der Erkenntnis, dass alles Existierende aus ständig aktiven, kraftvoll-schöpferischen Prozessen hervorgeht, aus denen heraus alles ununterbrochen, immer und immer wieder neu geschaffen wird, vom Allerkleinsten bis hin zum riesig Großen?

Es ist schon ein gewagtes Denken, dass es alles in unserer Welt Existierende im Urgründigen schon immer gegeben hat und in einem von Anfang an durchgehenden, ständig ablaufenden Prozess zum Vorschein kommt. Ich bin sozusagen eingebettet in ein fließendes, schwingendes, wirbelndes, dynamisches Gefüge, aus dem heraus alles für mich Wahrnehmbare und Wirkliche schon angelegt ist, daraus entsteht und dabei ständig neu gebildet wird. Ich habe bereits angeregt, den Begriff »Pandynamismus« als Ausdruck für die unermesslich vielfältigen Möglichkeiten dieser dynamischen Prozesse, denen alles zugrunde liegt, zu verwenden. Ist es nun nicht folgerichtig, über die Abläufe in der Welt und im Kosmos möglichst großzügige und weite Bilder zu entwickeln? Reicht mein Denken tatsächlich nur vom Urknall bis zum Untergang der Planeten? Ich lehne das dem »Urknall« zugrundeliegende Konzept ganz gewiss nicht ab, werde aber künftig die Bezeichnung »Urgründiges« verwenden, um zum Ausdruck zu bringen, dass in einem weit angelegten Denken alles mit einbezogen wird, auch das, was mit der Urknalltheorie nicht erklärt werden kann.

Was macht unsere Persönlichkeit eigentlich aus? Das Wort »Person« leitet sich aus dem Lateinischen ab, das Verb »personare« bedeutet übersetzt in etwa »durch etwas hindurch tönen«. Ich meine, dass dieser so gedeutete Begriff ganz gut zu meinen Überlegungen passt. Uns Menschen ist die Freiheit gegeben, so umfassend wie nur irgend möglich zu denken, hinaus in die

Weite. Nur wir Menschen können mit unserem Erkenntnisvermögen »durchtönend« die Weltwirklichkeit in die Grundwirklichkeit hinein überschreiten. Und das geschieht nicht nur in eine Richtung: Wirkdynamische Prozesse aus der Grundwirklichkeit beeinflussen uns mit einer unendlichen Vielzahl an Wirkpotenzialen. Ich habe versucht, dies anhand der Beispiele für Felsen, Herzschlag und Idee aufzuzeigen.

Freiheit ist ohne Verantwortung undenkbar

All diese von uns ausgehenden und uns gestaltenden Wirkungen verschaffen uns besondere Kompetenzen, die uns in die Lage versetzen, an der Gestaltung unser aller Leben in Freiheit und Verantwortung teilzuhaben. Bereits mit unseren Gedanken, den damit verbundenen Vorstellungen und den daraufhin frei getroffenen Entscheidungen entfalten wir Wirkungen in die Grundwirklichkeit hinein, etwa in Form von Ideen, Einfällen, Inspirationen, Erfindungen, Träumen, Visionen, mit unserem Gespür und mit unseren Ahnungen über das Unbegreifliche – so wie dies jetzt mit diesen hier aufgeschriebenen Vorstellungen geschieht. So wie sich Wirkpotenziale zu Masse und Energie verdichten, können wir, letztlich ausgehend von Gedanken, Ideen, Inspirationen und Vorstellungen, mit eigener Kraft Konkretes in der Weltwirklichkeit formen. Die Vielfalt ist dabei unfassbar groß, wie zum Beispiel geschriebene und gesprochene Worte, es sind kunstvoll gemalte Bilder oder musikalische Kompositionen, es sind aber auch mit Ingenieurskunst gefertigte Apparate, Fahrzeuge, Häuser, Brücken und Straßen. Es umfasst alles, sämtliche materielle Werte und alles andere mehr, was für uns Menschen denkbar und zugleich erreichbar ist. Die zentrale Aufgabe für jeden Menschen ist es, diese enorme Komplexität einerseits wahrzunehmen, andererseits aber die Vielfalt auf das Wesentliche, auf konkrete Ziele oder Inhalte hin zu verdichten, analog zum Prozess der substanziellen Verdichtungen, die aus den Wirkpotenzialen hervorgehen und aus der alles sinnlich Wahrnehmbare gebildet wird. Reicht unsere Kraft als einzelne Person nicht aus, um unsere Pläne zu verwirklichen, können wir im Dialog und im Zusammenwirken mit anderen Menschen deren Teilhabe an unseren Gedanken, Vorstellungen und Kompetenzen ermöglichen. Wenn wir darüber Einmütigkeit herstellen, kann gemeinsam mit diesen anderen Menschen aus einer anfangs unscheinbar wirkenden Vision eines einzelnen Menschen etwas Habhaftes entstehen, mitunter etwas ganz Großes, Gewaltiges, ein Gemeinschaftswerk, an dem sich viele beteiligen, über Landesgrenzen hinweg, ja sogar weltweit.

An dieser Stelle weitere Gedanken zum Begriff und Inhalt der Person. Wir Menschen nehmen uns üblicherweise als losgelöst von der Umgebung um uns herum wahr. Wir sind demnach etwas Eigenes, ein »Selbst«, ein »Ich«, und alles um uns herum »etwas Anderes«. Wir sind und bleiben darauf angewiesen, die Welt aus unserer Perspektive zu betrachten. Jede Person sieht sich selbst gewissermaßen als »innen«, die gesamte Welt einschließlich aller anderen Menschen als »außen«. Das »Innen« und das »Außen«, beides ist jeweils immer einzigartig, kein Mensch erlebt es wie ein anderer. Die an das »Innen« gebundene, subjektive Betrachtungsweisen nimmt das jeweilige Subjekt, der einzelne Mensch, als etwas Einzigartiges wahr, »das bin ich selbst«. Die objektive Betrachtung von außen, gegenüber und um alles andere rings herum, Lebewesen und unbelebte Dinge, verbindet die Sichtweisen mit anderen. Auch wenn Sichtweisen insgesamt weitgehend übereinstimmen mögen, sind sie niemals identisch. Bei gemeinsamen Betrachtungen mehrerer Menschen am gleichen Objekt besteht jedoch die Möglichkeit, dass sich die Betrachtenden auf eine einheitliche Betrachtung und demzufolge übereinstimmende Bewertungen einigen und diese entsprechend mit gleichen Begriffen belegen.

So suggerieren viele unserer alltäglichen Begriffe noch das Trennende, zum Beispiel der Begriff »Umwelt«. Auch dieser Begriff könnte so interpretiert werden, als gebe es eine »Innenwelt«, etwa die eines einzelnen Menschen oder insgesamt aller Lebewesen, und ringsum eine andere Welt, die »Umwelt«. Zwar habe ich mit den schon mehrfach verwendeten Begriffen Grundwirklichkeit und Weltwirklichkeit zwei Bereiche unterschieden, sie aber ganz bewusst und mit guten Gründen nicht getrennt und stets als etwas Gemeinsames betrachtet. Denn es gibt letztendlich nichts wirklich Trennendes, alles geht ineinander über und ist ganz und gar miteinander verbunden. Kein Lebewesen existiert in von allen und allem anderen völlig isolierter Form. Alles, was wir für die »Umwelt« tun, tun wir daher unmittelbar für uns selbst, und umgekehrt wirkt die »Umwelt« unablässig auf uns ein und kann, wenn wir es so wollen, von unserem bewusst bewahrenden und konstruktiv gestaltenden Verhalten profitieren.

Zwar kann ich gut verstehen, dass es für viele Menschen wichtig ist, an einer in das Subjektive und das Objektive unterteilten Sicht festzuhalten. Im Alltag wird uns auch künftig nichts anderes übrigbleiben, als weiter zwischen verschiedenen Substanzen und Strukturen zu unterscheiden und über die kennzeichnenden Merkmale Einvernehmen herzustellen. Und insbesondere, wenn es an die Selbstständigkeit der eigenen Person geht – wer wollte nicht gerne eine klare Grenze ziehen zwischen sich selbst und anderen? Aber ist das wirklich so eindeutig und gibt diese Unterscheidung tatsächlich Sicherheit und Klarheit? Könnte es nicht so sein, dass eine andere Sichtweise, eben die nicht trennende, die nicht abgrenzende die angemessenere, die bessere ist? Für die besonders meditativ Begabten unter uns ist eine Sicht der Dinge, in der alles mit allem zusammenhängt und es letztlich nicht absolut Unveränderliches gibt, wohl leichter nachvollziehbar. Ich vermute aber, dass die meisten Menschen sich das zunächst nicht so recht vorstellen können und gar nicht wollen. Sie suchen nach Klarheit und Übersichtlichkeit und das ist ja durchaus einfühlbar.

Ich werbe jedoch an dieser Stelle sehr dafür, sich immer wieder, wenigstens vorübergehend, gedanklich auf die Einbettung in die vollkommene, in die ganze Wirklichkeit einzulassen. In ihr kann es eine Trennung zwischen »subjektiv« und »objektiv« letztlich nicht geben. In einer großzügig weiten Sicht wird die Perspektive zwischen subjektiver und objektiver Wahrnehmung, zwischen »innen« und »außen« aufgelöst. Das ist für mich ein gutes Gefühl. Ich erlebe es so: Seit ich mir diese Sichtweise zu Eigen mache, verhilft sie mir zu einem Gefühl der Einheit und der Einbettung in ein Ganzes, das mich frei und gelassen zugleich macht. Das heißt für mich, dass ich schon immer als Person Teil der Wirklichkeit war und es für alle Zeiten bleiben werde, »Person«, wie beschrieben, nicht beschränkt auf mein irdisches Dasein und in meiner äußeren Gestalt als Mensch. »Person« kann damit alles in jeder Hinsicht und in unermesslichen Dimensionen überschreiten, insbesondere wenn ich die Kraft aufbringe, weit über meinen weltwirklichen Erfahrungshorizont hinaus zu denken, in echter und uferloser Freiheit. Dann befreie ich mich auch von der Beschränkung unseres Wahrnehmungsvermögens auf meine Alltagswirklichkeit, an die ich während meines Lebens hier auf Erden gebunden bin.

Leben – mehr als Erleben zwischen Geburt und Tod

Unser Leben, so wird es üblicherweise gesehen, ist begrenzt auf einen definierten Zeitraum zwischen Geburt und Tod und auf einen Raum, der von unserem Körper eingenommen wird. Unser Geburtstag oder, in einer differenzierteren Sichtweise, der Lebensbeginn als Vereinigung von Ei- und Samenzelle, ist ein Phänomen innerhalb der Weltwirklichkeit. Ganz genauso verhält es sich mit den äußeren Umständen des Todes. Üblich ist die Sichtweise, das Lebensende mit einer Reihe äußerlicher Kriterien, etwa den Verlust bestimmter Organfunktionen, zu verbinden – auch dies findet im Bereich der Weltwirklichkeit statt.

Denken wir jedoch weiter, zunächst einmal bis zum Beginn von allem in unserem Kosmos nach dem allgemein anerkannten wissenschaftliche Konsens mit Prozessen, die seitdem ununterbrochen ablaufen. Die wesentliche Frage ist dabei, ob es seitdem irgendwann oder irgendwo einen absoluten Abbruch dieser Prozesse gegeben hat oder ob die seitdem ablaufenden Vorgänge in ihrer grundlegenden Form weitergehen, passend zur Vorstellung alles umfassender Zusammenhänge. Ist es möglich, sich gedanklich von der Vorstellung zu befreien, ein irdischer Vorgang wurde jemals unterbrochen? Im ganzheitlichen Denken gibt es keine Abbrüche, sondern ausschließlich Wandlungsvorgänge. Unser Leben ist Teil der aus dem Urgründigen heraus zum allergrößten Teil in der Grundwirklichkeit unablässig neu schöpferisch gestaltenden und fügenden Prozesse, aus denen die gesamte, aber winzig kleine Weltwirklichkeit hervorgeht. So wird äußere Gestalt unablässig all dem ermöglicht, was wir als Materie wahrnehmen.[58]

Ist es jedoch tatsächlich so, dass unsere Existenz als Person ausschließlich auf die Verbindung des Erbguts unserer Mutter und unseres Vaters reduziert werden kann? Rufen Sie sich bitte die bildliche Vorstellung von der fein strukturierten, höchsten Lebendigkeit der Natur in Erinnerung – klar, mit zarten Strukturen, erfüllt mit wirkdynamischen Prozessen. Der uns überhaupt zugängliche Anteil unseres Körpers und letztlich unser Erbgut stellen nur einen winzigen Ausschnitt des gesamten Geschehens um das menschliche Leben dar. Das Erbgut hat eine Geschichte, die im weltwirklichen Denken zurückreicht bis an den Anfang alles Existierenden. So wurden und werden in ständigen Prozessen alle Atome, Moleküle und unterschiedlichste Substanzen gestaltet, aus den unter anderem die Strukturen einer jeden Körperzelle gebildet werden. Dabei erfolgt stets eine Konzentration auf das Wesentliche, was am Erbgut gut abzulesen ist: Gemessen an der Vielfalt der Lebewesen und deren komplizierten Körperstrukturen ist es keineswegs sehr aufwändig gestaltet. Das wurde mittels ausgeklügelter wissenschaftlicher Methoden erforscht. Es ist sogar mittlerweile gelungen, die Bedeutung der Strukturen des Erbguts in Teilen zu erschließen, für zahlreiche Körpermerkmale und auch für Krankheiten zu identifizieren und sogar durch äußere Eingriffe zu verändern.[59] Der Beginn des menschlichen Lebens kann damit nicht allein – wie das zumeist ganz selbstverständlich angenommen wird – auf die Vereinigung einer Samen- und einer Eizelle zurückgeführt werden. Damit wird lediglich eine Markierung gesetzt, die derzeit bestmögliche Übereinkunft in Form eines biologisch definierbaren Vorgangs auf der Grundlage unseres Erkenntnisvermögens. Mit erweiterten biologischen Betrachtungen kommen wichtige Aspekte hinzu, zum Beispiel die Beweglichkeit der Samenzellen, die Einnistung der Eizelle in die Gebärmutter, hormonelle Bedingungen und vieles mehr. Des Weiteren haben noch andere Vorgänge eine nicht minder bedeutsame Funktion.

Ich meine zum Beispiel die Form der Beziehungsaufnahme zwischen zwei Menschen und zwischen allen anderen zuvor in der Generationenfolge, die letztlich dann zur Zeugung und Geburt von Nachkommen führen. All diese entspringt letztlich dem Urgründigen allen Seins und ist eingebettet in unaufhörlich wirksame, dynamische Prozesse, aus denen heraus schließlich das winzig kleine Erbgut gestaltet wird. Von übersichtlicher Schlichtheit enthält es die Informationen, aus denen alles Lebendige hervorgeht. Ein bewundernswertes Kunstwerk, in dem die gesamte Vielfalt des Lebendigen geborgen ist. Letztlich auch ein Symbol für die bedeutende Rolle der Wirkpotenziale, die aus unbegrenzten Möglichkeiten das uns substanziell Zugängliche hervorbringen.

Leben – ganzheitliche Prozesse mit allen Sinnen

Entsprechend den Bildern vom Ursprung und von den Zusammenhängen des Lebens kann die Fokussierung auf das rein Materielle nun nach und nach getrost verlassen werden. Auf dieser Grundlage und in einer erweiterten Sicht nimmt ein Mensch schon immer teil an einem vielfältig wirksamen, dynamischen Geschehen, das aus unendlich vielen Wirkpotenzialen Fügungsprozesse hervorbringt, die dann substanziell verdichtet werden. Jedes einzelne Wirkpotenzial hat aus dem Urgründigen allen Seins heraus an allen bisherigen Wirkprozessen teilgenommen und daraus gelernt. Es stellt all diese Lernerfahrungen in dem Moment bereit, wenn es gemeinsam mit allen anderen Wirkpotenzialen substanziell wirksam wird. Das Erbgut ist ein in den ersten irdischen Lebensphasen Teil dieser Prozesse, die einen Menschen sehr konkret und ganz unmittelbar in Raum und Zeit und in sein alltägliches Leben einbinden, in seine individuelle Welt. Mit diesen urgründigen Fügungsprozessen nimmt ein Mensch sowohl an geistig-psychischen, als auch an substanziell-körperlichen Vorgängen teil, die in einem Gesamtzusammenhang in unfassbar größeren Dimensionen untrennbar mit allem verbunden sind. Wichtig ist dabei, dass das »Werden eines neuen Lebens«, wie wir es auszudrücken gewohnt sind, weder die Beziehung zum Beginn des schöpferischen Prozesses verloren hat noch in einen materiellen und in einen ideellen Anteil aufgespalten werden kann.

Im Alltag benötigen wir zur Strukturierung unserer Wahrnehmungen unsere Sinnesorgane. Unsere Sinnesorgane registrieren die auf sie einwirkenden Signale und sorgen für die wechselseitige Vermittlung zwischen verschiedenen Körperstrukturen. Teilweise sind diese Strukturen materiell erfassbar, denn zum Beispiel das Gehirn, die Nervenbahnen und der Aufbau von Auge, Gehör und Haut können sehr genau untersucht und die von Nervenzellen hervorgerufene Signale und ihre Funktionsweise identifiziert werden. Anderseits werden zugleich mit Hilfe der Sinnesorgane sinnliche und intellektuelle Kompetenzen entfaltet, die in die Grundwirklichkeit hineinwirken. Zu ihr haben die Sinnesorgane Zugang beim Sehen, Hören, Riechen, Schmecken und Tasten, mit dem Unbewussten und dem Bewussten, mit Träumen und Phantasien, dem Gedächtnis und dem Gespür. Unsere Wahrnehmungen werden dann zu einem Wahrnehmungsgefüge – denken Sie nur an die Sinneswahrnehmungen beim Genießen einer Mahlzeit! Die Grundwirklichkeit birgt die kraftvolle Wirkdynamik mit unterschiedlichsten Möglichkeiten an Ideen, Einfällen, Erkenntnissen, Träumen, Offenbarungen. Wir können sozusagen über unser Denken nachdenken.

Wir können Ordnungen wahrnehmen, verarbeiten, definieren und sie schließlich mit Hilfe der Naturgesetze und mit mathematischen Formeln, wenn deren Ausdruck allgemein als gültig anerkannt wird, zur Geltung bringen. So können wir aus der Grundwirklichkeit schöpfen und sie uns zunutze machen. Bei dem Versuch, in ihr zu spüren und zu denken, kann es gelingen, bildhafte Vorstellungen nicht nur über sie, sondern von der Gesamtwirklichkeit zu entwickeln. Aber so ist es in allen Beziehungen zwischen Weltwirklichkeit und Grundwirklichkeit. Immer steht alles mit allem in Verbindung, eine unermessliche Vielfalt an Wechselwirkungen, die weit über die aus der in der Physik bekannten hinausgeht.

Musik – ganzheitliches Zusammenwirken

Ich möchte das anhand eines Beispiels veranschaulichen, dem Hören von Musik. Ein Teil des Beziehungsgefüges kann sehr konkret dargestellt werden: Eine Komponistin schreibt ihre Komposition in Form von Noten auf, druckt sie aus und sucht sich ein Ensemble, das die Komposition zur Darbietung bringen kann. Es wird eine Aufnahme hergestellt, die dann als Datei der Hörerschaft zum Anhören angeboten wird. Ein Großteil der Vorgänge kann wissenschaftlich sehr genau bestimmt werden. Die beteiligten Personen können dabei exakt vermessen werden, Körpergröße, Gewicht, Haarfarbe, Gehirnmasse, ja sogar ein Teil der Vorgänge im Gehirn. Weiterhin die Tinte für die Noten, das Papier, die Musikinstrumente, die erzeugten Schallwellen, die Datenträger. Ich will mit weiteren Einzelheiten nicht zu weit gehen, Sie ahnen schon, worauf es ankommt. Es ist die Inspiration der Komponistin, die Quelle ihres künstlerischen Wirkens. Es ist das Können der Musizierenden, alles konkret umzusetzen, deren künstlerische Eingebungen und die Formen, musikalische Begabungen und handwerkliche Technik miteinander zu verknüpfen. Es ist die Erkenntnis, die die Komponistin nach dem wiederholten Spielen ihres Werks durch das Ensemble sagen lässt: »Jetzt gefällt es mir, so will ich es haben, jetzt will ich es veröffentlichen«. Es ist die Empfindung der Menschen, die sich das Werk anhören und sich sagen: »Das ist schön, darüber freue ich mich!« und die dabei eine bestimmte Vorstellung verknüpfen, ein besonderes Gefühl, vielleicht ein Erlebnis, eine Phantasie, oft auch etwas, was mit Worten überhaupt nicht beschrieben werden kann. Das eigentlich Relevante ist die Inspiration der Künstlerin und es sind die Empfindungen der Menschen, die mit dem Anhören etwas für sie ganz Besonderes verbinden. Das Wenigste ist messbar und objektiv bestimmbar, das eigentlich Wertvolle findet statt, ohne dass zwischen materiellen und immateriellen Kategorien eine klare Trennlinie gezogen werden könnte; das Eine geht nicht ohne das Andere.

Beispiel Erbkrankheiten

Während meines Medizinstudiums haben wir damals regelmäßig, wenn es um das Entstehen einer Krankheit ging, die Formel »das ist genetisch bedingt« gehört. Rasch haben wir begriffen: Es heißt nichts anderes als »Wir können es uns letztlich nicht erklären«. Dabei hat sich gerade im Wissensgebiet der genetischen Forschung in der Zwischenzeit Enormes getan. Ich habe es bereits erwähnt. Vielen Krankheiten konnten tatsächlich bestimmte Abschnitte in der Erbsubstanz zugeordnet und diesbezüglich Zusammenhänge hergestellt werden. Mittlerweile ist man sogar so weit, einzelne Abschnitte mit raffinierten Techniken aus der Erbsubstanz zu entfernen und durch andere zu ersetzen, beispielsweise um Krankheiten zu verhindern oder zu bessern. Aber: Wo und wann ist die Ursache für genetisch bedingte Krankheiten eindeutig zu bestimmen? Die Einsicht, mit welchem Abschnitt des Erbguts ein Krankheitsgeschehen in Verbindung gebracht wird, hat eine allenfalls begrenzt ursächliche Bedeutung, wenn das Veränderungsgeschehen nicht eindeutig nachvollziehbar ist. Vielleicht kann man die Entwicklung des Erbguts noch einige Generationen zurückverfolgen. Spätestens dann aber müssen wir passen. Wie oder gar warum die besagten Veränderungen im Erbgut zustande kamen und weshalb sie letztlich zu Krankheiten führten, kann niemand genau sagen und wir werden es zu Lebzeiten nicht erfahren. Je weiter der Werdegang einer Veränderung in die Vergangenheit zurückreicht, umso mehr lösen sich die erfassbaren Beziehungen zwischen Ursache und Wirkung auf und entziehen sich unserer Erkenntnis, weil sie dann grundsätzlich nicht mehr erreichbar sind. Diese Unerreichbarkeit meine ich, wenn ich zur Schlussfolgerung gelange, dass es letztlich nirgends etwas »Festes« gibt. Und diese Zusammenhänge betreffen nicht nur die Vererbung, sondern gleichermaßen alle anderen Substanzen und Strukturen, immer und überall. Wie für das Erbgut gilt: Wir können nur einen winzigen Anteil dessen erfassen, was sich insgesamt im Lauf der Zeit in dem wahrnehmbaren substanziellen Gefüge abgespielt hat. Ausgehend vom Urgründigen jeglicher Existenz wurde über eine nahezu unüberschaubare Vielzahl an Generationen hinweg letztlich die Erbsubstanz gebildet, wie wir sie heute verstehen können.

Aus diesem Beispiel wird deutlich, dass wir beim Erkennen und Verstehen aller Zusammenhänge letztlich kapitulieren müssen. Bekannt ist nur zu einem verschwindend geringen Anteil, warum und wie Wirkpotenziale aus der unendlich vielfältig dimensionierten, lebendigen und kraftvollen Wirkdynamik in einen geordneten Zustand in der belebten und unbelebten Natur übertreten. Deswegen sehe ich mich im Recht, ich bin sogar gefordert, mich nicht ausschließlich mit der begreifbaren Materie zu befassen. Wäre es nicht für alle Menschen sinnvoll, die alles überragende Grundwirklichkeit in Weltbild, Vorstellungen und Glaubensinhalte einzubeziehen?

Kommunikation in Organstrukturen

All dies gilt auch für Organsysteme. Sie dienen in ständigen und sehr klar strukturierten Abläufen dem Überleben der einzelnen Individuen, ihrer Familie und der Erhaltung der eigenen Spezies. Das sind alle körperlichen Funktionen, die in der Medizin als »autonom« bezeichnet werden, was übersetzt in etwa »nach eigenen Gesetzen ablaufend« bedeutet: Zum Beispiel die Atmung, die Verdauung, der Herzschlag oder die Abläufe in unserem Stoffwechsel. Es gibt dort zwar gleichermaßen eine begrenzte Einflussnahme durch körperliche oder mentale Aktivitäten, mit denen zum Beispiel der Herzschlag beschleunigt oder verlangsamt werden kann. Am Grundprinzip der lebensnotwendigen Funktion, die höchstens sehr kurz unterbrochen werden darf, ändert das jedoch nichts. Es sind wiederum die Wirkpotenziale, die aus dem Urgründigen jeglicher Existenz in der geschichtlichen Entwicklung der Organsysteme aus gemeinsamen »Lern«-Erfahrungen die eigenständig ablaufenden

Funktionen hervorbringen, die unser Leben und Überleben ermöglichen.

Weitere Phänomene im menschlichen Organismus sind ähnlich tief verankert und nur begrenzt steuerbar. Dazu gehören Instinkte, Triebe und Begierden und das »Unbewusste«, ein Wahrnehmungsbereich, der aus eigener Kraft nicht ohne weiteres vergegenwärtigt werden kann und gewissermaßen im Verborgenen schlummert. Wie bei den Organen gilt auch hier, dass aus den wirkdynamischen Prozessen zentrale und im weitesten Sinne überlebensnotwendige Kräfte gebildet werden. Es ist möglich, diesen Wahrnehmungsbereich mit besonderen psychologischen Hilfestellungen zum Vorschein zu bringen und in einigen Fachrichtungen der Psychotherapie angemessen zu bearbeiten sowie in die Therapie einzubinden. Auf diese Weise können die zunächst unbewussten Wahrnehmungsinhalte in das Alltagserleben eingeordnet werden.[60] Im Alltag geht es nicht zuletzt darum, Instinkte, Triebe und Begierden mit geeigneten Regelwerken so zu formen und zu begrenzen, dass die daraus hervorgehenden Kräfte keinen Schaden anrichten.

Ich möchte mich nun einem Organ zuwenden, dem allgemein besonderes Interesse gilt: Dem Gehirn. Auf der Grundlage immer weiter verfeinerter Forschungsergebnisse über biologische Strukturen sind nicht wenige der in der Forschung aktiven Wissenschaftler davon überzeugt, mit einem auf Materie reduzierten Blick sämtliche Leistungen des menschlichen Gehirns hinreichend erklären zu können. Sie ahnen es schon: Sowohl die bei den diagnostischen Verfahren eingesetzten Apparate als auch die gemessenen oder abgebildeten Körperstrukturen gehören zur Materie und können nur Materie erfassen. Die eigentlich überragenden Leistungen des Gehirns und aller mit ihm in Verbindung stehenden, zur sinnlichen Wahrnehmung befähigten Organstrukturen können aber mit allen uns zur Verfügung stehenden Messmethoden höchstens ansatzweise erfasst und nicht anhand biologischer Modelle erklärt werden. Der wirklich wesentliche Anteil vollzieht sich in den durch Wirkpotenziale gebildeten Prozessen, mit denen aus allen gegebenen Möglichkeiten die Muster zu Geltung kommen, die im Ergebnis zu den für das Gehirn in besonderer Weise kennzeichnenden intellektuellen Leistungen führen.

Auch das Gehirn bildet gemeinsam mit den Sinnesorganen ein Bindeglied zwischen Weltwirklichkeit und Grundwirklichkeit. Signale können gesendet und empfangen und vor allem in unterschiedlichen Formen verarbeitet werden, als Emotionen und Gefühle. Das Wort »Emotion« stammt aus dem Lateinischen und bedeutet in etwa »Bewegung aus etwas heraus«. In meiner bildlichen Vorstellung gibt es beim Auftreten von Emotionen Wechselwirkungen zwischen den beiden Wirklichkeitsformen. Wir alle kennen zu Genüge unterschiedliche Emotionen und Gefühle, jede und jeder einzelne erlebt sie selbst, auf jeweils ganz eigene Weise. Emotionen und Gefühle prägen zum großen Teil unsere Persönlichkeit und unser ganzes Leben. Bekannt ist, dass durch sie Krankheiten nicht unerheblich beeinflusst werden. Emotionen können aber auch selbst körperlich tief verwurzelten Krankheitsverläufen eine Wendung zum Guten oder zum Schlechten hin verleihen. Und nicht zuletzt machen sie ein komplexes Geschehen erlebbar, das allenfalls ansatzweise mit Messmethoden konkret erfasst werden kann.

Vor allem aber gestalten Emotionen unsere Beziehungen im Wechsel mit unserer Umgebung. Sie haben ganz wesentlich Einfluss auf unsere Lebensqualität, im positiven wie im negativen Sinn. Schwärmerische Liebe und blinder Hass, überschwängliche Freude und schmerzliche Trauer, beherzter Mut und unerträgliche Angst, frohe Hoffnung und abgrundtiefe Verzweiflung, milde Barmherzigkeit oder gnadenlose Wesenskälte – es könnten noch viele andere benannt werden, in allen möglichen Formen und Schattierungen. Das gilt nicht nur für Beziehungen zwischen zwei oder einigen wenigen Personen, zum Beispiel in einer Familie. Emotionen in Beziehungen in großen, ja in globalen Dimensionen sind der Schlüssel für ein weites Weltverständnis, so wie ich es in meinen bildlichen Vorstellungen darzustellen versucht habe. Das heißt: Emotionen, Gefühle und Gespür sind von enormer Relevanz und dürfen nicht, wie das leider gelegentlich geschieht, gegenüber der Vernunft als nebensächlich abgetan werden.

Beispiele für ganzheitliche emotionale Beziehungen

Niemand wird wohl widersprechen, wenn das Zusammenleben mit Haustieren nicht immer mit rein rationalen, nüchternen Entscheidungen begründet werden kann. Die Einstellung gegenüber Insekten wäre möglicherweise generell positiver, würde man sich ihren Nutzen in der Natur vergegenwärtigen; ein Aspekt, der vielen erst durch ein Massensterben dieser Tierklasse deutlicher vor Augen geführt wird. Geht es um die Flugbewegungen eines Adlers, könnte mit einer sachlich-vernünftigen Bewertung hinterfragt werden, warum sie ausgerechnet als »elegant«, das Auftreten eines Stiers dagegen als »feurig« und die Haltung eines Löwen als »majestätisch« empfunden wird. Es gibt also in der Begegnung eine Vermittlung von Eigenschaften, die über die Weltwirklichkeit hinaus eine Rolle spielen und in der hierbeispielhaft erwähnten Beziehung zu Tieren durchaus eine nicht unerhebliche Bedeutung haben.

In vergleichbarer Weise werden Beziehungen zur unbelebten Substanz je nach Beschaffenheit extreme Unterschiede erlebt. Einen Berg im Abendlicht oder das Meer bei Sonnenuntergang wird als »schön« wahrgenommen und der gleiche Berg und das gleiche Meer während eines Unwetters als »bedrohlich«. Beton wird wohl nicht immer als sonderlich attraktiv in Erscheinung treten, in der Gestalt eines Gebäudes kann durchaus der Eindruck von Eleganz oder klarer Struktur Bewunderung bis hin zu Begeisterung hervorrufen. Die unterschiedlichen Wahrnehmungen und Bewertungen erstrecken sich bis hin zur Kunst in verschiedenen Formen. Der eine Mensch kann mit dem Gemälde eines Impressionisten nichts anfangen, dem anderen ist es unerschöpfliche Quelle von Inspiration. Der eine kann eine Bachkantate nicht ertragen, den anderen rührt sie vor Ergriffenheit zu Tränen.

Vergegenwärtigen Sie sich die Wirksamkeit von Emotionen mit einem weiteren konkreten Beispiel zwischen uns Menschen. Viele von uns haben es selbst erlebt, vermutlich sogar mehrfach: Die dominierende Qualität einer Beziehung zwischen zwei Menschen wird zu Beginn innerhalb kürzester Zeit intuitiv geklärt, manche gehen sogar davon aus, dass dies nur in wenigen Sekunden, sogar in Bruchteilen einer Sekunde vonstattengeht. Menschen können sich auf Anhieb sympathisch sein oder nicht, auch wenn sie sich noch gar nicht näher kennen, ja nicht einmal leibhaftig begegnet sind. »Sympathie« ist ein Wort aus dem Griechischen und kann mit »gemeinsames Gefühl« übersetzt werden. Einander sympathische Menschen kommunizieren »auf gleicher Wellenlänge«. Wohlgemerkt: Dieser Vergleich mit der Wellenlänge, der sich zwar auf den physikalischen Wellenbegriff bezieht, aber keineswegs mit ihm identisch ist, soll besagen, dass die Beziehung ein gewisses Maß an Tragfähigkeit besitzt und –

Sie werden es schon vermuten – zu einem gemeinsamen Schwingen der Gefühle führt. Aber auch hier lehrt die Erfahrung, dass ein einmal gewonnener Eindruck nicht überdauern muss. Keineswegs ausgeschlossen ist, dass bei einem näheren Kennenlernen und dem Aufbau einer reflektierten und von Empathie getragenen Beziehung der anfänglich gewonnene Eindruck korrigiert wird.

Wie bedeutsam, ja lebensnotwendig die Fähigkeit der emotionalen Beziehungsgestaltung ist, mag ein weiteres Beispiel verdeutlichen. Es kommt in nicht wenigen Fällen vor, dass leibliche Verwandte sich emotional nicht annehmen können, eine wahrhaft tragische und traurige Situation. An sich wäre ja unter Zugrundelegung vordergründiger naturwissenschaftlicher Annahmen davon auszugehen, dass die biologischen Gemeinsamkeiten über das Erbgut eine ausreichende Grundlage für eine tragfähige zwischenmenschliche Beziehung bilden müssten. Wenn trotz genetischer Verwandtschaft eine emotionale Disharmonie besteht, deutet das darauf hin, dass die Genetik bei weitem nicht allein das Wesen des Menschen bestimmt. Deswegen ist es gerade in diesen Fällen sehr wichtig, den Verwandten deutlich zu machen, dass ihre biologische Verwandtschaft keineswegs zu einer guten und gelingenden zwischenmenschlichen Beziehung führen muss. Es spielen andere Zusammenhänge, so etwa im erwähnten Bereich der Emotionalität, unter Umständen eine geradezu überwältigende Rolle. Vor allem sollte immer deutlich gemacht werden: In dieser Hinsicht tragen alle daran Beteiligten keine persönliche Schuld, wenn sie trotz genetischer Verwandtschaft wenig oder gar keine emotionale Zuwendung geben oder erhalten können. Es versteht sich von selbst, dass Hilfen durch andere Personen und Gemeinschaften von immenser Bedeutung sind. Ziel muss dabei sein, die Qualität an Beziehungen zu vermitteln, die dazu beitragen können, erfahrene Störungen, Krisen oder Defizite auszugleichen. Mit dem Verständnis für die Ganzheitlichkeit liegt es in diesen Fällen nahe, andere Menschen hinzuzuziehen, die in diesen Situationen gute zwischenmenschliche Beziehungen aufbauen können, die zwar nicht vorrangig auf der Grundlage verwandtschaftlicher Beziehungsebenen gestaltet werden können, sondern deren Basis in der Fähigkeit besteht, positive Beziehungsqualitäten wieder herzustellen. Gelingt dies, kann allen Beteiligten ein glückliches Leben ermöglicht werden.

Bewusstsein und Vernunft als ordnende Instanzen

Ich will an dieser Stelle auf den Begriff des Bewusstseins eingehen. Der Begriff ist schillernd und umfasst zahlreiche Bedeutungen.[61] Höchstwahrscheinlich sind nur wir Menschen mit unseren Möglichkeiten in der Lage, über die Grenzen unserer Erlebniswelt hinaus zu denken, zu spüren, zu fühlen. Das Bewusstsein öffnet die Tür zum ganzen Leben. In den Anfangsstadien der Menschheitsgeschichte war im Alltag wohl nicht mehr als das zum Überleben Notwendige möglich, alle körperlichen und geistigen Kräfte waren darauf auszurichten. Nach und nach haben sich Freiräume eröffnet, in denen Beobachtungen von Vorgängen in der Natur und ein Nachdenken über zugrunde liegende Zusammenhänge zu immer differenzierteren Schlussfolgerungen führten. Im günstigen Fall des Überwiegens der strukturierten Denkvorgänge ist es möglich, nach gründlichen Abwägungen ein Ziel festzulegen und Methoden zu wählen, um es zu erreichen. Aber auch unter dem Eindruck von Gefühlswallungen kann überlegt, abgewogen, beurteilt und entschieden werden. Unsere Instinkte, Emotionen und Gefühle überführen wir somit in eine Ordnungsstruktur, die uns Aufmerksamkeit, Denken und Handeln ermöglicht. Mit unserem Bewusstsein können wir über uns selbst nachdenken und uns damit einen Weg zu unserem Selbstbewusstsein eröffnen. Das Bewusstsein trennt uns nicht strikt ab von anderen Menschen und nicht von der Natur und vom Kosmos, entsprechend dem Grundgedanken, dass Geist und Materie untrennbar miteinander wirken und aufeinander angewiesen sind. Das Geschehen in diesem Zwischenbereich findet mit ständigen Wechselwirkungen in höchster Dynamik in unterschiedlichen Ausprägungen »mehr materiell« oder »mehr geistig« statt. Wir empfangen und verarbeiten ununterbrochen Signale aus uns selbst und aus unserer Umgebung; in gleicher Weise geschieht dies in der Gegenrichtung. Wichtig ist aber vor allem, dass im Zustand des Bewusstseins der Gegenwart großzügiges und weites Denken möglich wird und Gedankengänge in vielen Bereichen gebildet werden können. In einer ganzheitlichen Sichtweise können wir davon ausgehen, dass das Bewusstsein aus dem Bereich zwischen den beiden Wirklichkeitsformen wirken kann, was Auswirkungen auf substanzielle Vorgänge hat. So werden Zugänge zum »rationalen« Denken und Handeln eröffnet, die nicht nur in unserem Alltag, sondern auch in Wissenschaft, Wirtschaft und Verwaltung eine herausragende Rolle spielen. Dort herrschen Wunsch und Wille, Ursachen zu erkennen, Wirkungen zu ermitteln und dazwischen Zusammenhänge herstellen und berechnen zu können. In den Bereichen des Wissens wird eine »objektive« Perspektive gefordert, verbunden mit dem Anspruch, dass eine Erkenntnis schlüssig dargestellt wird, so dass möglichst viele andere Fachleute oder interessierte Laien sie nachvollziehen können. Allerdings ist eine Trennung von »subjektiv« und »objektiv« nicht vollständig möglich. Oft genug gibt es daher keine eindeutigen Erklärungen. Die meisten Wissensgebiete sind mittlerweile derart komplex und kompliziert geworden, dass man sich damit begnügen muss, zu Teilaspekten eine zum Beispiel in Zahlenwerten angegebene Wahrscheinlichkeit zwischen Ursache und Auswirkung zu ermitteln. Ist die Wahrscheinlichkeit zu niedrig und besteht damit Grund für die Annahme, dass es sich möglicherweise um einen Irrtum handelt, wird eine Erkenntnis üblicherweise nicht allgemein übernommen, sondern muss sie wieder verworfen werden. Als Beispiele für die Grenzbereiche am Rande des Wissens mögen die erwähnten Annahmen über die Existenz von »dunkler Energie« und »dunkler Materie« gelten, die als Benennung für Phänomene herangezogen werden, die wir mit unserem Wissens- und Erkenntnisstand nicht erklären können.[62]

Leben in Freiheit aus Verantwortung

Im Bereich zwischen den beiden Wirklichkeitsformen gibt es aber auch die Vernunft, Wachheit und Aufmerksamkeit, die für den Einsatz des erlernten Wissens und der erworbenen Erfahrung sowie die willentliche und kontrollierte Steuerung des Denkens und Handelns durch Überlegung, Selbstbeherrschung und Planung unabdingbar ist. Wir Menschen sind in der Lage, unsere Emotionen zu strukturieren, in ihrer Wirkung wahrzunehmen und unsere Emotionen als wirksame Kraft zur Geltung zu bringen. Hierbei nehmen wir teil an den in den Wirkpotenzialen geborgenen Erfahrungen, die sich seit ihrem Werdegang aus dem Urgründigen gebildet haben und zu denen wir durch

Bildung, Besinnung, Reflexion und Konzentration Zugang haben. So kann Emotionalität in Vernunft und in gelebte Verantwortung gewandelt werden, auch dies eine der herausragenden menschlichen Qualitäten.

Die Begriffe »Objektivität« und »Vernunft« sind somit eng miteinander verknüpft und nicht zuletzt Gegenstand zahlreicher Wissensgebiete, die sich jeder Mensch, will er sie fachlich beherrschen, zuvor aneignen muss. Wegen der ganzheitlichen Sichtweise, in der alles mit allem in Verbindung steht, kann es aber, wie schon dargelegt, eine »reine« Objektivität nicht geben, allenfalls eine durch Verstand und Vernunft gewissermaßen gebändigt strukturierte Emotionalität oder eine mehr oder weniger durch Emotionalität beeinflusste Vernunft.

Emotionalität und Vernunft sind somit immer und untrennbar miteinander verknüpft. Aus dieser Gesamtheit heraus als Mensch Entscheidungen zu treffen, ist eine der zentralen Herausforderungen. Überwiegt dabei die Emotionalität, ist oft von »Irrationalität« die Rede. Die Begriffe »Emotionen« und »Irrationalität« sind allerdings keineswegs mit dem Begriff »Unvernunft« gleichzusetzen, obwohl das aus dem Lateinischen abgeleitete Wort »irrational« tatsächlich wörtlich mit »unvernünftig« übersetzt werden könnte. »Rein« rationale oder »rein« irrationale Gedanken und Handlungen gibt es nach meiner Überzeugung nicht, was immer wieder durch die alltäglichen Erfahrungen bestätigt wird. Stets ist mit einer engen Verbindung zwischen der Irrationalität und der Vernunft, der »Rationalität«, zu rechnen. Es kommt daher darauf an, aus Emotionalität und Rationalität heraus in guter Weise zu denken und zu handeln. Aus der Freiheit in Verantwortung zu leben ist eine der herausragenden menschlichen Fähigkeiten überhaupt. Das durch die Vernunft geleitete und gleichzeitig durch Emotionen beeinflusste Denken und Handeln eröffnet uns den Zugang zu Erkenntnissen über Naturgesetze und zu inneren Zusammenhängen; sie ist sozusagen aus der Grundwirklichkeit heraus der Blick hinein in die Weltwirklichkeit. Die Vernunft stellt aber andererseits den Schlüssel dar, mit dem wir uns mit dem Blick in die Grundwirklichkeit hinein die Weite all dessen erschließen können, was unser Wissen, unseren Verstand und alles rational Zugängliche um grenzenlose Dimensionen übersteigt, in unfassbarer Größenordnung, die uns wiederum emotional berührt.

Beziehungen – nur teilweise wissenschaftlich erfassbar

Weit verbreitet ist indessen die Annahme vieler Menschen, sogar prominenter Wissenschaftler, dass jegliche zwischenmenschliche Beziehung ausschließlich über biologische Merkmale und physikalisch messbare Signale, also zum Beispiel bei gemeinsamen genetischen Strukturen, bestimmten Körperformen und Körpersignalen, Bewegungen, Gerüchen, Hormonen oder vielem anderen mehr vermittelt wird. Nach den Betrachtungen über die Grund- und Weltwirklichkeit, über Emotionalität und Vernunft, ist dies ganz gewiss eine zu schlichte Sichtweise. Gestützt auf den aktuellen Wissensstand ist davon auszugehen, dass die entscheidende Qualität einer zwischenmenschlichen Beziehung weit über das hinaus geht, was uns letztlich als messbar zur Verfügung steht.

Hierzu wurde ein Gedankenmodell namens »Salutogenese« entwickelt.[63] Dieser Begriff kann frei mit »Lehre vom Entstehen von Gesundheit« übersetzt werden, als Gegensatz zur »Pathogenese«, der Lehre vom Entstehen von Krankheiten. Ein zentraler Aspekt der Salutogenese ist das sogenannte Kohärenzgefühl, das drei Kompetenzen beinhaltet. Erstens geht es darum, das Leben in seinen Zusammenhängen zu verstehen. Zweitens soll die Überzeugung vorliegen, das eigene Leben selbst gestalten zu können. Und drittens handelt es sich um den Glauben an die Sinnhaftigkeit des Lebens. Wer dahin kommt, seine Gefühle und Gedanke an diesen Orientierungshilfen auszurichten, hat gute Chancen, zusätzlich verfügbare psychische und körperliche Kräfte und Reserven zu mobilisieren. Ich meine, dass der Gedanke, die Wirklichkeit in einem ganzheitlichen Zusammenhang zu begreifen, hierbei eine wesentliche Rolle spielt.

Empathie – Schlüssel zum menschlichen Miteinander

Diese Verortung des Bereichs der Gefühle und des Bewusstseins zwischen den beiden Wirklichkeitsformen verbildlicht unsere Befähigung als Menschen, auf unsere Gefühle willentlich und verantwortlich Einfluss zu nehmen. Wir sind zunächst in der Lage, zu erkennen, dass bei uns und bei anderen Menschen in vielfacher Form Freude und Hoffnung, Trauer und Angst, Liebe und Hass in allen anderen denkbaren Ausprägungen auftritt. Damit sind wir unseren Gefühlen nicht hilflos ausgeliefert und wegen dieser besonderen Kompetenz kann uns Menschen in dieser Hinsicht einiges abverlangt werden. Wir können in uns selbst aufkeimende Gefühle beherrschen, indem wir zum Beispiel einen zunächst gewonnenen Eindruck reflektieren und gegebenenfalls korrigieren. Wir sind in der Lage, uns in andere Menschen einzufühlen, über deren Ursachen nachzudenken, über Folgewirkungen unserer Worte und Handlungen Vorstellungen entwickeln und für uns eine

Vorstellung über die vielseitigen Zusammenhänge zu entwerfen.

Dieses Einfühlen, auch mit dem Begriff »Empathie« bezeichnet, ist eine der ganz wesentlichen menschlichen Eigenheiten und Fähigkeiten, mit denen wir unser eigenes Empfinden und das in unserem Umfeld bewusst wahrnehmen und beeinflussen können. Dies ist ebenfalls Ausdruck unserer Freiheit als Menschen. Wir sind im Rahmen der uns zur Verfügung stehenden Kräfte frei, unsere eigene Haltung, unsere Reaktionen und unser Handeln verantwortlich zu gestalten. Freiheit in Verantwortung und nach den Inspirationen des Gewissens zu leben, ist elementar für unser menschliches Miteinander. An deren Verbesserung und Verfeinerung unablässig zu arbeiten sind wir aufgefordert, eine der wichtigsten Funktionen unserer Bildungs- und Schulungsanstrengungen. Neben dem Erwerb von Wissen geht es letzten Endes darum, mit den Anforderungen unseres Lebens frei, umsichtig und einfühlsam umzugehen mit der Konsequenz, Instinkte und Triebe zu beherrschen, anstatt ihnen wie Automaten freien Lauf zu lassen. Wir sind berufen, unter Wahrnehmung der uns zugänglichen Emotionalität und unter Beachtung des von der Menschheit erworbenen Wissens- und Erfahrungsschatzes in Freiheit eigenständig zu denken und zu handeln. Auch in dieser Hinsicht stehen wir nicht außerhalb der in der Naturwissenschaft als Gesetz anerkannten Unbestimmbarkeit, die Teil aller Wirklichkeit ist.

Ich erinnere an dieser Stelle wieder an die »Nichtlokalität«, die »magische Fernwirkung«, an deren Existenz heute aufgrund sorgfältiger wissenschaftlicher Untersuchungen keine ernsthaften Zweifel mehr bestehen. Das heißt doch nichts anderes, als dass Wirkung nicht lokal begrenzt ist, sondern prinzipiell überall und zwischen allem stattfindet. Dies trifft auch für unsere

Persönlichkeit zu. Offenkundig ist ja, dass bei unmittelbaren Beziehungen zwischen Menschen konkrete Wirkungen entstehen. Jede Leserin und jeder Leser mag sich vergegenwärtigen, wie in dieser Betrachtung das Zustandekommen eigener gelingender und glücklicher, aber auch gescheiterter zwischenmenschlicher Beziehungen gesehen werden kann. Nimmt man aber die Erkenntnisse über das Phänomen der Nichtlokalität bzw. Fernwirkung ernst, findet Wirkung weit darüber hinaus statt, ja, sie erstreckt sich sogar grundsätzlich über den gesamten Kosmos hinweg. Wirkungen in dieser umfassenden Form sind mit den uns zur Verfügung stehenden Methoden nicht messbar und darüber hinaus für uns tatsächlich nur schwer vorstellbar, dennoch handelt es sich grundsätzlich um eine wissenschaftlich erwiesene Tatsache!

Lebensphasen – Zusammenspiel im dynamischen Wandel

Wenn wir in Liebe und aus freien Stücken entscheiden, unser Leben vereint mit anderen Menschen in guter Weise verantwortlich zu gestalten, in welcher Form auch immer dies geschehen mag, ist die Grundlage für etwas ganz Wunderbares geschaffen. Das gilt in besonderer Weise für den gemeinsamen Wunsch, neues Leben in dieser Welt zu ermöglichen. Verdeutlichen will ich das dynamische Zusammenspiel der Entwicklungsprozesse der körperlichen und geistigen Entwicklung in einzelnen ausgewählten Lebensphasen.

Es ist doch bemerkenswert, wie selbstverständlich wichtige Körperfunktionen wie Herzschlag, Verdauung und vieles mehr von Anfang an einsetzen oder die Atmung nach der Geburt. Sie sind angeboren, ist die gängige Erklärung. Was heißt das denn, »angeboren«? Wie schon erwähnt, kann mittlerweile eine Reihe von Körpermerkmalen und -funktionen Abschnitten in der Erbsubstanz zugeordnet werden. Damit ist zunächst offenkundig, dass dort Informationen gespeichert sind, die eine bedeutende Rolle im Gesamtgeschehen spielen. In meinen Vorstellungen zu den Wirkpotenzialen wird jedoch deutlich, dass sozusagen um die sichtbare Substanz der Erbsubstanz herum ein gewaltiges, dynamisches Geschehen Wirkungen von weitaus überwiegender Bedeutung entfaltet. Ausgehend vom Urgründigen verdichten Wirkpotenziale alles bisher Geschehene in der Erbsubstanz, die dann in ständigen Prozessen in allen Systemen des Körpers ihre Aufgaben übernehmen. Denken Sie an die Beispiele von Herz und Idee und an die insgesamt ungeheure Vielfalt substanziell wirksamer Prozesse! Sie gehen bekanntlich in den ersten Lebensphasen mit einer besonders intensiven Abhängigkeit von Erwachsenen, in der Regel von den Eltern, einher. Die Beziehungen zwischen Eltern und Kindern lassen sich bildlich darstellen wie ein anfangs sehr dichter Austausch in einem Wirkungsgeschehen, das wechselseitig substanziell zur Entfaltung kommt, also nicht nur psychische, sondern auch jeweils körperliche Konsequenzen hat – ohne dass dies voneinander getrennt werden könnte.

Mit dem Heranwachsen der Kinder im Lauf der Zeit konzentriert sich das Wirkgeschehen mehr und mehr auf die unterschiedlichen Personen, die an der Entwicklung des Kindes unmittelbar im gleichen Lebensraum beteiligt sind. Nach meinem Denkmodell waren und bleiben sie stets miteinander verbunden, sie sind ja Teil der alles umfassenden Wirkdynamik, die vom Urgründigen ihren Ausgang genommen hat. Das ist die entscheidende Relativität, mit der alles zur Wirklichkeit wird und von der nichts ausgegrenzt wird. Wirkliche Verbundenheit gibt es daher mit allen, den Verwandten, Betreuungspersonen, Freundinnen und Freunden, Lehrkräften, Seelsorgerinnen und Seelsorgern, Kolleginnen und Kollegen und vielen anderen mehr. Es kommt darauf an, wie im Erwachsenwerden diese Beziehungen gestaltet werden. Es ist entscheidend, dafür ein sicheres Gespür zu entwickeln. Hier kommt wieder der Gedanke um das »Selbst« jeder Person ins Spiel. Einerseits muss im Blick sein, dass jede und jeder ein hohes Maß an Stabilität in der Eigenwahrnehmung benötigt und sein »Selbst« als hilfreich erleben kann. Andererseits fordert die Verbindung mit dem »Selbst« aller anderen Menschen und Lebewesen dessen Berücksichtigung. Die Auseinandersetzung mit der Frage, »wie geht es mir mit anderen, deren Denken, Fühlen und Handeln?« und zugleich »wie geht es anderen mit mir, meinem Denken, Fühlen und Handeln?« ist entscheidend, um die richtigen Formen des Umgangs und der Beziehung zu finden, gut miteinander zurechtzukommen. Es spielt letztlich keine Rolle, ob es sich um nahestehende Bezugspersonen handelt, oder um Menschen, zu denen wenige oder gar keine direkten Kontakte bestehen, was sogar in globalen Dimensionen gültig ist. Stets kommt es darauf an, aus einem gefestigten Kern der eigenen Persönlichkeit heraus das richtige Maß an Offenheit für gute und gesunde Beziehungen mit anderen Menschen zuzulassen und andererseits die Stärke aufzubringen, diejenigen Beziehungen auf Distanz zu halten, die die eigene Persönlichkeit destabilisieren, ja sogar krank machen können.

Auch das sind ständige Prozesse, mit denen das Erhalten lebendiger Beziehungen im Miteinander die direkte Konsequenz eines Lebens in der ganzen Wirklichkeit ist. Das Teilen der starken Gefühle Freude und Hoffnung, Trauer und Angst mit anderen Menschen, das Teilhabenlassen und Anteilnehmen bereichert unser Dasein und ist im besten Sinne als natürlich zu begreifen. Trennungen sind nie vollständig, obwohl sie oft als schmerzlich erlebt werden, Alleinsein ist nie komplette Isolation. Alle, die sich auf das Bild ihrer Einbettung in ein gewaltiges, dynamisches Geschehen einlassen können, können spüren, dass sie niemals gänzlich ohne Beziehungen leben. Wer sich konkrete Kontakte wünscht, kann immer darauf vertrauen, dass es in der Vielfalt der Möglichkeiten andere Menschen gibt, die sich genau dasselbe wünschen. Deswegen möchte ich jede und jeden ermutigen, immer wieder Schritte auf andere zuzugehen, auch wenn es kleine sind, und dabei stets auf die Stabilität des eigenen »Selbst« zu achten. Das ist ja die Botschaft meiner Bilder: Diese Schritte, hinaus aus der eigenen näheren Umgebung, können mehr Teilhabe am Leben, mithin an Chancen und Möglichkeiten mit sich bringen. Gleichermaßen sollten gut in Gemeinschaften eingebundene Menschen auf Menschen in Einsamkeit zugehen und ihnen damit Teilhabe an Gemeinschaften ermöglichen.

An dieser Stelle denke ich wieder an meine Beispiele mit den Bildern für den Felsen, das Herz und die Idee. Es besagt ja, dass trotz der für uns augenfälligen Unterschiede Werden und Vergehen aus dem Urgründigen heraus in gemeinsame Prozesse eingebunden sind. Damit darf sich das Bild eines dynamischen Beziehungsgeschehens nicht allein auf Menschen oder Lebewesen beschränken. Weder materiell Gefestigtes, noch Lebendiges, noch Geistiges dürfen wir ohne Grund gewaltsam zerstören, weil wir letztlich dadurch uns selbst bis hinein in den Kern unserer Persönlichkeit gefährden.

Tod – Wandlungsgeschehen hin zum Frieden

Ich glaube daran, dass ich nach Abschluss der letzten Phase meines irdischen Lebens wieder dorthin eintrete, aus dem ich hervorgegangen bin und an dem ich während meines Lebens ständig beteiligt bin: In die Gesamtheit grenzenlos vielfältig wirksamer, dynamischer Prozesse. In diese Prozesse bin ich weiterhin als Person eingebunden. Ich verliere damit zwar die Unmittelbarkeit meiner äußeren – biologisch, chemisch und physikalisch zugänglichen – Gestalt und meiner Wirkung in der Weltwirklichkeit, nicht aber meine Wirkung als Person in der Gesamtwirklichkeit. An dieser Stelle will ich noch einmal verweisen auf mein Mikroskop-Bild, in dem ich auf der untersten Ebene, sozusagen jenseits der Atome, mit allem verschmelze, das ich selbst beobachte. Ich habe mein sicheres Gefühl beschrieben als ein stetiges Schwingen, eingebettet, geborgen und sicher. Dort ist unendliche Weite in allen Richtungen und Dimensionen, aber auch Verbundenheit, Lebendigkeit. Warum soll es nicht so sein, wenn mein irdisches Leben hinter mir liegt? Was es letztlich bedeutet, als Person Teil umfassender, unendlich wirkdynamischer Prozesse zu sein, kann selbstverständlich niemand exakt beschreiben. Die Vorstellung, mit meinem Tod in einer Leere und im Nichts zu versinken, hat für mich jedenfalls gänzlich an Wahrheitscharakter verloren. Ich bin und bleibe berechtigt, zu meinem Leben nach dem Tod stimmige und schöne Vorstellungen zu entwickeln, die an das, was mir an Wissen geschenkt wurde und was wir Menschen uns erworben haben, in guter und angemessener Weise Anschluss finden kann.

Im ganzheitlichen Sinne ist alles lebendig, das Schwingen in der Grundwirklichkeit und das Substanzielle in der Weltwirklichkeit. So wird uns Menschen ermöglicht, in unseren Gedanken und Vorstellungen ein globales Ganzes zu bilden und darauf unser Handeln zu begründen. Deswegen kann jede absichtlich und gewaltsam herbeigeführte Form der Spaltung für unser Menschsein nur ein schwerer Verlust sein, vor allem ein Verlust an Friedenschancen. Spaltungen gibt es im unendlich tiefen Urgründigen des Schöpfungsgeschehens nicht und sie dürfen daher weder kulturell noch gesellschaftlich zum Ziel werden. In jeder Glaubensgemeinschaft gibt es letztlich nur die eine Wahrheit einer unauflöslichen Rückbindung – lateinisch Religion – an Gott. Gleiches gilt für jede Gesellschaft. Sie muss sich stets vergegenwärtigen, dass politisch wirksames Handeln immer aus dem Urgründigen schöpferischen Wirkens heraus alle Menschen und die ganze Schöpfung betrifft. Es gibt, wie bereits erwähnt, demnach keine Um-Welt, die vermeintlich aus einer In-Welt als etwas anderes betrachtet und behandelt werden könnte. Kein Mensch und erst recht nicht ein Gott glaubender Mensch kann sich daher in eine eigene, gute Welt flüchten, heraus aus einer anderen, anscheinend schlechten Welt. Wie gefährlich die Verführung ist, die vermeintlich gute Welt anderen mit Gewalt aufzuzwingen, ist allzu offensichtlich.

Wenn sich in großen Gruppen, ja in ganzen Nationen Stimmungen, aber auch Wertevorstellungen einheitlich in eine Richtung entwickeln, ist es gegründet auf zahlreiche Erfahrungen leicht vorstellbar, dass dies enorme Konsequenzen haben kann, hin zu positiven Entwicklungen, aber zu Katastrophen. Das Positive zu mehren und das Problematische zu mindern sehe ich als meine Aufgabe so wie das sehr viele Menschen in meiner Umgebung und in unserer Welt gleichermaßen tun. Unter ihnen gibt es »charismatische« Persönlichkeiten, die es schaffen, Menschen in großer Zahl, ja ganze Völker für ihre Gedanken zu bewegen und einzunehmen. »Charisma« ist ein aus dem Griechischen stammender Begriff und bedeutet in etwa »Gnadengabe«. Charismatische Menschen sind »begnadet« und »begabt«, was zum Beispiel deutlich wird, wenn sie Reden vor großen Menschenmengen halten oder mit ihrer Kunst sehr viele Menschen ansprechen und bewegen. Wenn es ihnen gelingt, die Menschen zu »begeistern«, vermitteln sie in besonderer Weise und in einer gezielt angestrebten Form den Eindruck, als seien sie selbst es, aus denen schöpferischer Geist hervorgeht. Diese Fähigkeit der Teilhabe am schöpferischen und fügenden Geist entspringt im globalen Wirkgefüge – mit positiven wie negativen Auswirkungen – und wird aus der jeweiligen Persönlichkeit heraus in Freiheit gestaltet. Wegen dieses Bezugs zum globalen Ganzen geht eine charismatische Begabung mit einem besonders hohen Maß an Verantwortung einher!

Dass mit Begabungen unverantwortlich umgegangen werden kann, hat sich zum Beispiel zweifellos in Deutschland vor und während der beiden Weltkriege im 20. Jahrhundert gezeigt und es gibt zahlreiche Beispiele bis in unsere Tage. Über Jahrzehnte hinweg wurden Stimmungen geschürt, um Spaltungen zwischen den Menschen herbeizuführen und nationale Überheblichkeit und Feindschaft zwischen den Völkern und zwischen Personengruppen mit besonderen Merkmalen, wie zum Beispiel den religiösen Bekenntnissen, zu schüren. Letzten Endes haben dann vergleichsweise geringfügige Anlässe genügt, um die großen Eskalationen mit all ihren furchtbaren Folgen auszulösen. Angesichts der beiden Weltkriege im 20. Jahrhundert und zuletzt durch den Krieg in der Ukraine wird einerseits deutlich, welch entsetzliche Kraft dieses von destruktiv agierenden Menschen beeinflusste globale Wirkgefüge entfalten kann. Gleichzeitig haben die Jahrzehnte nach dem letzten Weltkrieg gezeigt, dass die Förderung einer Stimmung für Freiheit, Frieden und Gerechtigkeit in weiten Teilen Europas ganz überwiegend gelingen kann, leider, wie erwähnt, nicht in allen, und immer wieder gibt es Gefährdungen des Friedens. Auch an diesem Beispiel ist ersichtlich, dass wir Emotionen nicht hilflos ausgeliefert sind, weder unseren eigenen, noch wenn sie in globaler Ausprägung zustande kommen. Wir sind alle in der uns gegebenen Freiheit befähigt und aufgerufen, verantwortlich in guter Weise zu handeln.

Blicken wieder auf das bildliche Modell: Die segensreiche Entwicklung in Europa nach dem letzten Weltkrieg ist im Gespür für die Sinnhaftigkeit der Förderung des Guten und in der Vision von Frieden, Freiheit und Gerechtigkeit gegründet. In der substanziellen, aber auch geistigen Verarbeitung der existenziellen Bedrohung durch die zerstörerischen Kräfte des Krieges ist es schließlich in den meisten Ländern zur Beherrschung und Kontrolle aufkeimender Emotionen und zur bewussten, vernünftigen Reflexion gekommen. So wurde in den Jahren nach Kriegsende vielerorts Bestrebungen aufgegeben, andere Nationen durch Waffengewalt zu unterwerfen und deren Gebiete zu besetzen. Es hätte ja damals durchaus so sein können, dass aus den Erfahrungen des Krieges in den beteiligten Ländern erneut vordergründig negative Emotionen der Feindschaft und Rache die Überhand gewonnen hätten. Es hätte erneut Folgen gehabt, wahrlich koste es, was es wolle. Welch ungeheuerlicher Preis musste für »vererbte« Feindschaften entrichtet werden! Glücklicherweise ist es überwiegend zur Einsicht gekommen, zum erweiterten Blick. Zur beiderseitigen Empathie für das gemeinsame Leid, zur Überwindung des Hasses, zum Blick in die Zukunft, zur Rücksichtnahme auf das Schicksal nachfolgender Generationen, zur Achtung und Würdigung der Menschen in einem anderen Land, zu vernünftigen Vorstellungen von den großen Vorteilen eines Lebens im Frieden und zur Verständigung über Sprachgrenzen hinweg. All dies sind die eigentlichen natürlichen Prozesse, das Denken und Leben in weiten, offenen Dimensionen, das gemeinsame Schöpfen aus konstruktiven und von Liebe erfüllten Quellen. Offensichtlich und glücklicherweise kam es dann mehrheitlich zur Überwindung der zerstörerisch wirkenden Emotionen. Die Besinnung auf das Richtige und Zukunftsweisende weg von unkontrollierten Emotionen und vom Willen zur Vernichtung hat hin zur Erhaltung und Entfaltung des Lebens geführt. Wenn sozusagen »dingfeste« Qualitäten aus der Weltwirklichkeit im Bereich der Grundwirklichkeit gesehen, überlegt und bedacht werden, wird Rationalität zur Einsicht, Beherrschung zur Vernunft und Kontrolle zu ermöglichenden Wirkkräften, die wiederum über positive Emotionen dem Guten und Sinnvollen in großen Dimensionen nachhaltig zum Durchbruch verhelfen können. Wie labil aber dieses emotionale Gefüge ist, haben nicht zuletzt die Kriege gezeigt, die seit Ende des zweiten Weltkriegs in Europa geführt wurden und werden.

Ganzheitliches Denken – es kommt auf jede und jeden Einzelnen an

Wir Menschen sind aufgerufen, von unseren Gestaltungsmöglichkeiten verantwortlich Gebrauch zu machen. Unsere Ideen, Phantasien, Visionen, Träume, unser Hoffen und unser Glauben sind von elementarer Bedeutung, weil sie uns ein Wirken im Gesamtgefüge eröffnen. Sie sind daher nie ohne Bedeutung. Jedem Menschen ist in seinem Wirken in diesen Zusammenhängen einiges auferlegt. Wir können nicht nur reflektieren, was uns selbst guttut und was schlecht für uns selbst ist. Gleichermaßen sind wir in der Lage, einfühlsam am Empfinden anderer Menschen teilzuhaben. Ganz besonders aber sind wir befähigt und gefordert, in komplexen Zusammenhängen zu denken und so die Wirklichkeit als überwältigend großes Gefüge wahrzunehmen. Diese exklusive und herausragende Fähigkeit des Menschen, Wirkungen nicht nur als einzeln beschränktes Ereignis bei sich selbst, sondern im Gespür in das Ganzes hinein zu erfassen, hat eine ganz besondere Bedeutung.

Gerade die Einsicht, dass das von uns bewirkte Gute durch dieses einfühlende Teilhaben am Ganzen enorme Wirkkräfte entfalten kann, sollte uns Ansporn sein. Wir können dies ja nicht nur bei anderen Menschen in unserem Umfeld, sondern auch auf Völker, ja sogar bei der gesamten Menschheit tun. Ein gutes Beispiel ist die Friedensbewegung. Zum Frieden zwischen den Völkern Europas haben nicht zuletzt politische Willensbekundungen und öffentliche Erklärungen maßgeblicher Persönlichkeiten beigetragen. Schließlich ist vieles in diesem Sinn sehr weitreichend umgesetzt worden. Die Wahrung und Sicherung des Friedens bleibt eine Daueraufgabe. Zu akzeptieren, dass jeder Mensch seinen eigenen Schutz- und Gestaltungsraum benötigt, in dem er sich sicher und geborgen fühlt, ist ebenso wichtig wie die Anerkennung, jedem anderen Menschen das Gleiche zuzugestehen. Nach und nach setzt sich hoffentlich immer mehr die Erkenntnis durch, dass es dabei nicht allein um physikalisch definierte Räume gehen kann, sondern im ganzheitlichen Sinn um alles, was jeder Mensch für sein Schutz- und Sicherheitsempfinden benötigt. Wir haben die Fähigkeit, das Recht und die Verantwortung, unter Einsatz unserer menschlichen Kräfte einfühlsam und gleichermaßen vernünftig miteinander umzugehen und unsere Welt damit im Ganzen positiv zu gestalten.

Welche Wirkungsmöglichkeiten haben einzelne Menschen? Gewiss können sie ihre direkte Umgebung beeinflussen, etwa durch ihre Haltungen und ihr Verhalten. Auf den ersten Blick scheint ein Eingreifen in das Geschehen ganzer Gesellschaften oder gar in das Weltgeschehen nur zu einem geringen Teil möglich. Mit Blick auf die erwähnten Beispiele gibt es aber immer einen Einfluss auf Wirkungen im Urgründigen und damit eröffnet sich ein sehr viel größerer Gestaltungsbereich. So kann durch einzelne Menschen eine relevante Wirkdynamik entstehen, die insbesondere dann zu einer spürbaren Kraft wird, wenn viele Menschen in vergleichbarer Weise an der Gestaltung der Welt beteiligt sind und auf gemeinsame Ziele hinwirken. Dieses Gestalten kann zunächst durch Gedanken stattfinden, es kommt demnach anfangs nicht allein auf das sichtbare gemeinsame Wirken am selben Ort an. Das Engagement für Haltungen, Moden, Stile, für den »Geschmack« oder für gesellschaftliche Übereinkünfte könnte dabei, so ist zu vermuten, dem dargelegten Prinzip der Nichtlokalität, der »magischen Fernwirkung« folgen. Vor dem Hintergrund dieser Erkenntnis wird deutlich, dass die Dimension der Verantwortung jedes einzelnen Menschen bei seiner Teilhabe am übergreifenden Wirken wohl bisher erheblich unterschätzt wird. Jeder Mensch ist frei, in Gedanken, Worten und Werken in guter, konstruktiver, oder eben auch in destruktiver Weise tätig zu werden. Weil wir Menschen diese Freiheit haben, sind wir vor allem aber nicht darauf angewiesen, uns den eigenen Trieben, Begierden, Vorlieben und Gewohnheiten vollständig auszuliefern. Die Entscheidung treffen wir, bildlich ausgedrückt, an der Grenze zwischen beiden Wirklichkeitsformen. Die dabei von uns eingesetzte, verantwortlich steuernde Kraft nennen wir unser Gewissen. Es richtet sich der Blick nicht nur auf vordergründige Eigeninteressen, es geht um erweiterte, ganzheitliche Belange einzelner Menschen, der Menschheit und der Schöpfung. Letztlich machen diese Gestaltungsvorgänge unser Menschsein aus. Sie sind von existenzieller Bedeutung nicht nur im persönlichen Umfeld, sondern im gesellschaftlichen, ja im globalen Kontext, dies sei nochmals ausdrücklich betont.

Der entscheidende und für mich relevante Vorteil des von mir entwickelten Gedankenmodells besteht darin, dass ich mir bildlich vorstellen kann, wie ich mit den von mir beeinflussbaren Wirkkräften ein in sich stimmiges, harmonisches Ganzes fördern und aufrechterhalten kann, ohne für mich und für andere hinderliche Spaltungen und Brüche. Teil meiner Verantwortung für das Ganze ist es, aus der willentlich und rational gestalteten Welt heraus ein Gespür in die Tiefe unserer Existenz hinein zu entwickeln. Aus der bildlichen Vorstellung von den allumfassenden, wirkdynamischen Wandlungsprozessen folgt die Erkenntnis, dass alles unablässig neu gefügt wird. Immerwährender Wandel und unermessliche Vielfalt sind grundlegende Schöpfungsprinzipien. Zum erweiterten Gespür gehört daher, einerseits die Verschiedenheit aller Lebewesen und Dinge wahrzunehmen und nicht zuletzt als ein Merkmal der eigenen Persönlichkeit anzuerkennen. Genauso wichtig ist aber, bei den Verschiedenheiten nicht stehen zu bleiben, denn andererseits bin ich gefordert, neben der Verschiedenheit die Zusammenhänge im Ganzen wahrzunehmen und das alles Verbindende zu realisieren. Zunächst bedeutet das ganz und gar konkret, dass alle Menschen wirklich und echt untereinander verbunden sind – nicht nur geistig, ideell oder spirituell, nein, es handelt sich um einen physikalisch realen Befund. Und nach allem, was wir aus den naturwissenschaftlichen Erkenntnissen vom Modell über die atomaren Strukturen bis hin zum Phänomen der Nichtlokalität wissen, dürfen wir davon ausgehen, dass diese Beziehung sehr viel konkreter ist, als das üblicherweise vorstellbar ist. Das Gleiche gilt im Übrigen für alles, was der »Natur« zugeordnet wird. Alles hängt mit allem zusammen!

Von größter Bedeutung ist, dass wir Menschen aus der Erkenntnis über die Zusammenhänge im Ganzen dafür eine positive emotionale Intention entwickeln. Uns kann zugemutet werden, dass wir zwar das Recht haben, die von uns wahrgenommenen Unterschiede in der »Natur« dementsprechend unterschiedlich zu benennen. Diese Unterscheidung darf jedoch nie so weit gehen, dass wir uns von der unteilbaren Verantwortung für die Natur verabschieden, und Teile von ihr, seien sie belebt oder unbelebt, von uns abspalten und damit dafür unsere eigene Verantwortung aufgeben. Vielmehr sind wir gefordert, bei Wahrung aller Unterscheidungen Spaltungen zwischen uns und der Natur zu überwinden und mit Blick auf das alles Verbindende besonders bewusst zu handeln.

Nicht gerade neu ist ja die Erkenntnis, dass insbesondere wir Menschen die Folgen unseres Handelns erkennen können und deswegen für die von uns selbst verursachten schädlichen Wirkungen verantwortlich sind. Dieser Gedanke hat erfreulicherweise in den letzten Jahrzehnten an Kurswert gewonnen, zwar nicht durchgängig und immer von Widerständen begleitet, aber immerhin sind gute Ansätze erkennbar. Dazu gehört das persönliche Handeln, aber es kommt auch auf die gemeinschaftlichen Anstrengungen an, die in den Gemeinden, Ländern, Staaten und auf der Ebene der Kontinente und der gesamten Welt verabredet und eingehalten werden müssen. Keine Gemeinschaft darf sich davon fernhalten! Das betrifft insbesondere die Kommunen, Länder, Staaten, die politisch aktiv werden müssen. Aber es sind zum Beispiel die Kirchen gefordert, an diesen Gedanken des Wohlergehens aller Menschen und der Schonung der Ressourcen der Schöpfung mitzuwirken.[64] Gerade das Erkennen dieser Zusammenhänge, die nicht ignoriert und verdrängt werden dürfen, hat sich zu einer weltweit wirksamen Bewegung entwickelt, leider noch nicht durchgreifend, aber es besteht Grund zur Hoffnung, dass dieser Weg weiter beschritten wird. Immerhin hat sich ja trotz aller Widerstände und Rückschläge weithin die Erkenntnis durchgesetzt, dass das Verhalten einzelner Personen in der Summe für das Ganze keineswegs irrelevant ist. Dies gilt in erster Linie für das Teilen von Ressourcen, an denen weltweit in gerechter Weise teilzuhaben den Menschen zusteht, aber auch zum Beispiel hinsichtlich des Leidens an Hunger, Gewalt und Ungerechtigkeit bei sehr vielen Menschen und der Belastung der Natur mit Schadstoffen oder der Beeinflussung von klimatischen Bedingungen in der Welt. Mittlerweile sind in diesen Bereichen viele konstruktive Impulse aus dem Verständnis für das Ganze hervorgegangen, aber es gilt wahrlich noch genug zu tun.

Eine integrierte und ganzheitliche Sichtweise macht deutlich, dass unsere Verantwortung als Menschen entsprechend bedeutsam ist. Es geht nicht nur darum, dies immer wieder aktiv einzufordern und konsequent selbst zu leben. Genauso wichtig ist es, in diesem Sinne auf Menschen um sich herum einzuwirken. Jede und jeder einzelne von uns kann dem immer wieder gerecht werden.

III. Ganzheitliche Glaubensperspektiven

Gott – ein guter Namen für das unfassbar Große

Nun ist es so weit, einen Schritt weiterzugehen bis an die Grenzen alles Vorstellbaren. Zunächst ist an dieser Stelle klarzustellen: Für einen gläubigen Menschen gibt es keinen Beweis für die Existenz Gottes. Gott ist immer lebendig, in grenzenlosen Dimensionen, jenseits alles Verfügbaren. Ebenso wenig kann es gelingen, die Existenz Gottes wissenschaftlich zu widerlegen. Es wird uns Menschen für alle Zeiten abverlangt, zu glauben. Der eine Mensch glaubt an Gott, der andere glaubt daran, dass es Gott nicht gibt. Nach einem Begriff aus der Theologie ist der Bereich jenseits unseres Denk- und Vorstellungsvermögens »transzendent«, was übersetzt so viel heißt wie »übersteigend«; er liegt damit außerhalb unserer Möglichkeiten der Wahrnehmung und des Begreifens. Ich habe schon dargelegt, dass sowohl Wissenschaftlerinnen und Wissenschaftler gleich welcher Fachrichtung an Grenzen der Erkenntnis stehen und gewissermaßen hinausblicken in einen Bereich, den sie mit Hilfe der Logik unseres menschlichen Verstands niemals vollständig erklären können. Ich habe das mit dem Blick in den Himmel einerseits und dem in das Mikroskop andererseits umschrieben; bereits diese beiden Blickrichtungen scheitern an Grenzen unseres Vorstellungsvermögens. Erst recht ist die Existenz des Unbegreiflichen unzugänglich. Der eine Mensch akzeptiert dies, der andere kann und will es nicht wahrhaben.

Beide suchen dafür eine Begrifflichkeit. Ein Atheist stellt klar, dass es »Gott« für ihn nicht gibt. Manche von ihnen setzen das »Nichts« oder den »Zufall« als letzte Instanz an die Stelle Gottes. Aber es gibt religiöse Menschen und Religionen, die die Bezeichnung »Gott« ablehnen, um deutlich zu machen, dass das uns nicht Zugängliche mit einem Namen gewissermaßen nicht »eingefangen« und so vereinnahmt und verdinglicht werden kann.[65] Für mich ist »Gott« ein guter Namen. Milliarden von Menschen sind mit ihrer Glaubensvorstellung vertraut und gehen tagtäglich mit Gott und den Glauben an ihn um, jeder Mensch auf seine Weise. »Gott« kann mit einer sehr persönlichen Vorstellung verbunden sein, etwa in Form eines menschlichen Wesens, oder mit etwas nicht eindeutig Fassbarem, etwa »das Gute«, »das Unbegreifliche«, eine »schöpferische Kraft« oder »das Jenseitige«. Wäre es nicht an der Zeit, diese Vorstellungen miteinander zu verbinden, im Sinne eines »Sowohl – als auch«?

Mit den bisher dargelegten Gedanken habe ich für meinen Glauben erweiterte Perspektiven entwickelt, die ich nachfolgend skizzieren will. Bevor diese Gedanken weiter ausgeführt werden, möchte ich klarstellen, dass sich mit »Gott« für mich eine Vorstellung verbindet, die mich an meine Grenzen führt. Sie reicht von der konkret mit dem Bild eines Menschen verbundenen Person, Jesus Christus, als auch über die letztlich nicht fassbare Person als »Vater« oder »Mutter« in der ich das gütig ordnende Prinzip im Urgründigen allen Seins sehe, bis hin zur ebenfalls nicht begreifbaren Person eines alles umfassenden, substanziell wirksamen Geistes, der in meiner Darstellung eine besondere Rolle spielt. Das im Christentum geläufige Glaubensbild der Dreifaltigkeit ist für mich inhaltlich stimmig. Ich glaube an Gott als Vater, Sohn und Heiliger Geist. Mein Glauben lebt somit in der Tat im Sowohl-als auch.

Ich glaube daran, dass alles in unserer Welt und im gesamten Kosmos als Schöpfungsgeschehen in unterschiedlichsten Dimensionen gestaltet und gefügt wird. Gott ist nicht der große, überintelligente Mensch, der mit menschlichem Verstand und menschlichen Händen arbeitet. Ich sehe in ihm vielmehr das für uns unfassbare Urgründige, aus dem die gesamte Wirklichkeit in jedem Augenblick hervorgeht, Form und Gestalt annimmt, immer wieder aufs Neue, vom Allerkleinsten bis zum Allergrößten. Zwischen dem Urgründigen und unserer Welt verbindet mich und uns das Wirken des Heiligen Geistes. Im Urgründigen, also vor und jenseits von allem, was ich mit meinen Gedanken und Vorstellungen jemals erreichen kann, hat sich Gott frei entschieden, schöpferisch zu wirken.[66] Die unfassbare Größe Gottes kommt in seinem Willen zum Ausdruck, der die Grundlage für sein schöpferisches Wirken ist. Gott ist damit allwillentlich und allmächtig zugleich, wobei sein Wille mit jeglichem Willen eines Menschen in keiner Weise vergleichbar ist; Gottes Willensgefüge geht unfassbar weit über das eines Menschen hinaus. Menschlicher Wille und menschliche Macht ist für mich nur denkbar als unter allen Menschen und der uns zugänglichen gesamten Schöpfung gerecht aufgeteilte Teilhabe an Gottes Willen, Gottes Macht und Gottes Wirken. Eine vollständig, das heißt ungeteilt ausgeübte Macht Gottes könnte niemals irgendetwas anderes in eigenständiger Gestalt zulassen, weil alles Eigenständige die Vollständigkeit seiner Macht einschränken würde. In der Konsequenz wäre vollständig ausgeübte Macht Gottes nur als vollständig unauflösbares Chaos denkbar, eine Welt ohne jegliche Ordnung.

Ohne Gottes ganz und gar freien Willen ist seine vollkommene Macht nicht vorstellbar, denn Macht wird nur dann real wirksam, wenn ein Wille besteht, von Macht Gebrauch zu machen – oder nicht. Folglich kommt es elementar darauf an, in welcher Weise Macht wirksam wahrgenommen wird, im doppelten Sinn: Wie Macht ausgeübt wird und wie ausgeübte Macht empfunden wird. Sinnvoll geteilte Macht ist wertvoll, wenn das Entstehen eines guten, konstruktiven Ordnungsgefüges ermöglicht wird. Allmacht ist sinnlos, denn wenn sie alles umfasst, gibt es nichts neben ihr. Die Ausübung von destruktiv wirksamer Macht ist nicht nur sinnlos und wertlos, sondern zutiefst unmenschlich und eine schwere Sünde, ein Vergehen an Gott und seinem Willen, seine Schöpfung konstruktiv mitzugestalten.

Gott und seine Schöpfung – freiwillige Teilhabe an seiner Allmacht

Gott verzichtet auf einen Teil seiner Allmacht. Sein Verzicht ist vollständig freiwillig und entspricht ganz und gar seinem Willen. Seine Allmacht bleibt ihm dennoch erhalten, weil er seine aus freiem Willen getroffene Entscheidung jederzeit zurücknehmen könnte, was er aber aus Liebe zu seiner Schöpfung erkennbar nicht tut – weil er es so will. Als Zeichen seiner Liebe seiner Schöpfung gegenüber hat er Jesus, den Christus, zu uns gesandt. Jesus übermittelt uns die Gottes Willen entsprechenden Botschaften, seine im ständigen Wandel begriffene Schöpfung zum Guten hin zu gestalten. Von uns Menschen und unserem Wirken nimmt er wahr, dass trotz aller Unzulänglichkeiten nach wie vor ein Gestaltungswille zum Besseren hin vorhanden ist: Einsatz für gute Werte wie Freiheit in Verantwortung für die gesamte Schöpfung, für Frieden und Gerechtigkeit. So wird Gottes schöpferisch wirksame Liebe auch für uns selbst spürbar.

Gott hat sich frei für seine Schöpfung entschieden. Gott will mit seinem Schöpfungswirken allen und allem neben Form und Gestalt auch die Freiheit verleihen, sich zu entfalten, jedem Geschöpf und jeder Substanz nach Bestimmung und Berufung. Auf diese Entfaltungsprozesse nimmt Gott selbst ordnend und ermöglichend Einfluss und zugleich Rücksicht. So ist letztlich alles so gefügt, wie es im Alltag wahrnehmbar ist. Ich meine: Hinter der uns zugänglichen Wahrnehmung verbergen sich jedoch unfassbar vielseitige Prozesse, deren Dynamik uns nicht zugänglich ist und deren Dimension wir allenfalls erahnen können. Gottes Wirken umfasst damit unendlich viel mehr als alles, was mit unserem Wissen und unseren Theorien jemals konkret begreifbar ist. Gleichwohl sind wir berechtigt, an der unermesslichen Größe Gottes teilzuhaben und das Konkrete in unserem Alltag nach unseren Berufungen und Vorstellungen mitzugestalten und damit lebendig werden zu lassen.

Noch einmal will ich auf mein Mikroskop-Bild zurückkommen. Auf der Ebene jenseits alles dinglich Fassbaren, dort, wo ich mit dem Beobachteten verschmelze, wo ich an einem stetigen Schwingen teilhabe, eingebettet, geborgen und sicher, habe ich den Blick auf die unendliche Weite eröffnet, in allen Richtungen und Dimensionen, mit der ich lebendig verbunden bin. Dort sehe ich einen Grenzbereich hin zu dem, was ich nie erfassen kann mit meinem Verstand, meinen Kräften, meinem Willen. Aus ihm bin ich wie alle anderen Menschen hervorgegangen und dorthin werde ich zurückkehren, wenn mein irdisches Leben endet. An diesem Grenzbereich fühle ich mich Gott nahe, ohne ihn jemals begreifen, verstehen oder erfassen zu können.

Der Zufall entfaltet keine unbegrenzte Schöpfungskraft

An dieser Stelle will ich näher auf den Begriff »Zufall« und auf das damit verbundene Verständnis eingehen. Zum Zufall werden »innere« Veränderungen, zum Beispiel in einem Organismus, aber auch »äußere« Veränderungen, insbesondere in der Natur, gerechnet. Angesichts der unterschiedlichen Faktoren hat man sich in der Wissenschaft geeinigt, alle gemeinsam zu betrachten.[67] Üblicherweise wird unter dem Zufall ein Ereignis verstanden, dessen Eintreten mit den uns Menschen zur Verfügung stehenden Möglichkeiten nicht vorhersagbar ist. Wenn im alltäglichen Sprachgebrauch von Zufall die Rede ist, stehen nicht selten Begebenheiten aus dem eigenen Lebensschicksal im Mittelpunkt, so etwa im Zusammenhang mit dem Beginn des Lebens. Nach dem aktuellen Erkenntnisstand sollen Mutationen, also die mit der Fortpflanzung von den Eltern an ihre Nachkommen weitergegebenen Veränderungen des Erbguts, zufällig zustande kommen. Betrachtet man darüber hinaus die Zeitabläufe davor, war es Zufall, dass die Eltern zueinander gefunden und gemeinsam den Wunsch entwickelt haben, Kinder zu bekommen. Es war Zufall, dass sich deren Eltern getroffen haben und sich ihrerseits für Kinder entschieden haben, von Eltern zu Eltern, von Vorfahren zu Vorfahren. Auch sonst regiert überall der Zufall, beim Wetter, bei politischen Konstellationen, bei der Karriere, bei Erkrankungen und so weiter und so weiter. Ja, nicht wenige bauen ihre ganze Lebensphilosophie auf das Phänomen des Zufalls auf. Konsequenz ist unweigerlich, dass alles Existierende letztlich auf den Zufall zurückzuführen ist.

Allen erwähnten Beispielen ist gemeinsam, dass das Phänomen Zufall in dieser konkret vorstellbaren Form in unserer substanziell erfassbaren Wahrnehmungswelt verortet wird. Wir erleben damit selbst die Resultate des Zufalls in der Weltwirklichkeit. Der konkret als Schöpfungsprinzip gedachte Zufall formt somit – auch physikalisch – alle mess- und erfassbaren Vorgänge, auch uns selbst. Das so verstandene Zufallsgeschehen bezieht demnach alle Substanzen und Kräfte bis hin zu den für unser Auge wahrnehmbaren Strukturen der Materie ein und müsste sämtliche allerkleinsten Bestandteile in den Atomkernen und Elektronen kontinuierlich so gestalten, dass sie in unserer konkreten Wahrnehmungswelt Bestand haben. Ein so gedachtes Zufallsgeschehen könnte wohl nicht beliebig ablaufen, sondern müsste spätestens auf dieser Ebene formenden Prinzipien folgen, um stabile Strukturen der Materie hervorzubringen. Ob dies dann noch als Zufall betrachtet werden kann, mag jede und jeder selbst entscheiden.

Wie steht es aber um das Zufallsgeschehen in der vom mir beschriebenen Grundwirklichkeit? Deren bekanntlich überragende Dimension, überwiegend bestehend aus Wirkpotenzialen in grenzenloser Komplexität und Vielfalt, ist ja ohnehin bestenfalls näherungsweise gedanklich erfassbar. Der Zufall müsste in diesem Kontext ja jedes Wirkpotenzial – wiederum entlang einem hoch komplexen formenden Prinzip – gestaltend beeinflussen. Der Vergleich des alltäglichen Zufalls, etwa die Begegnung zweier Menschen, die zu einer Beziehung führt, oder das Fallen von Würfeln in einem Glücksspiel, mit der unglaublichen Komplexität des Zufallsgeschehens in der Grundwirklichkeit macht die ganz grundlegend verschiedenen Dimensionen deutlich.

Hinzu kommt ohnehin: Über Vorgänge in uns selbst können wir keine verlässlichen Erkenntnisse gewinnen, weil wir uns selbst nicht extern betrachten, sondern nur erleben können. Deswegen sind niemals verlässliche Gesamteinsichten darüber möglich, wie die uns bekannte äußere Ordnung in der Natur zustande kommt. Das insgesamt hoch komplexe dynamische Geschehen ist unseren Sinneswahrnehmungen allenfalls als winziger Anteil zugänglich, als Zufallsereignis, als wirksames und erlebbares Ergebnis eines Prozessgeschehens aus dem Urgründigen.[68] Ein letztlich in der Weltwirklichkeit verortetes Zufallsgeschehen, etwa das Gestaltungsprinzip der Erbsubstanz, kann wohl kaum als ausschließliche Erklärung für den Werdegang unserer Existenz herangezogen werden; sie verdanken wir der Fülle des für mich nur ganzheitlich und zudem jenseitig denkbaren Fügungsgeschehens, in dem sich die Bedeutung eines alltäglich verwendeten Begriffs auflöst. Ein grundlegendes Ordnungsprinzip als kontinuierliches, für uns erfahrbares und nach unserem Erkenntnisstand im gesamten Kosmos sinnerfülltes Ordnungsgefüge, in ständiger dynamischer Weiterentwicklung und höchster Komplexität, Vielfalt und Differenzierung, ist für mich daher mit dem Begriff »Zufall« nicht vereinbar.

Freiheit im Denken ist Teilhabe am Schöpfungsgeschehen

Im Urgründigen verbleiben nicht aufklärbare Erkenntnislücken. Mir hilft ein möglichst weites Einfühlen und Nachspüren hin zu einer für mich glaubhaft vorhandenen, letztlich aber nicht begreifbaren Grundlage dieses Geschehens. Gott ist und verfügt zugleich, so mein Glauben, über ein unerschöpflich lebendiges Schöpfungspotenzial, das alles in sich birgt und hervorbringt, was überhaupt möglich werden kann, in allen denkbaren Formen und Gestalten, alles im Kosmos mit unserer Erde, der Natur und allen Geschöpfen, einschließlich uns Menschen als lebende Personen, ein schöpferisches und kreatives Schaffen in unendlich vielfältigen Dimensionen.[69] Das betrifft gleichermaßen die äußerlich festen Substanzen, zum Beispiel den Stein in einem Felsen, die lebenserhaltenden Funktionen, etwa den Herzschlag, aber auch die geistigen Vorgänge, die ich den Emotionen und Gefühlen, dem Unbewussten und Bewussten, der Vernunft, dem Wissen, dem Verstand und schließlich den uns zugänglichen Glaubensinhalten zugeordnet habe. Mit den dazu vorgestellten Beispielen habe ich versucht, diesen grundlegenden Gedanken anschaulich zu vermitteln.

Mit anderen Worten: Das Wirken Gottes besteht nicht darin, dass er aus einer unerreichbaren und nicht beschreibbaren Ferne unsere Welt zu einer beständigen Gestalt formt.[70] Gott ist vielmehr ständig hingebungsvoll gegenwärtig und aktiv, er ermöglicht uns als Ausdruck seines umfassenden Willens das von uns so benannte und uns vertraute Leben – mit allen seinen Unvollkommenheiten. Die Schöpfung ist unfassbar groß und komplex, von im Kleinen filigraner und zugleich im Großen unbeschreiblicher Schönheit, die nur in dieser Form Bestand hat. Weil in der

Schöpfung im Ganzen alles seinen Platz haben muss, sind Unvollkommenheiten unseres eigenen Lebens hinzunehmen, um so anderes, gleichermaßen mit Unvollkommenheiten existierendes Leben zu ermöglichen, im ständigen Werden und Vergehen. Gott selbst aber wirkt grenzenlos schöpferisch, vor allen für uns denkbaren Zeiten und über alle für uns denkbare Zeiten hinweg.

Teil dieser schöpferischen Prozesse ist jeder Mensch. Nach dem christlichen Glauben sind wir Menschen Ebenbilder Gottes. Für mich bedeutet das: Gott ermöglicht unsere Existenz nach seinen Vorstellungen und beteiligt uns an seinem Wirken. Diese urgründig ermöglichende Beziehung mit Gott nenne ich Seele. Sie verbindet mich über die Grundwirklichkeit als heilige Geistbeziehung mit Gott und wird für mich in der Weltwirklichkeit erlebbar als meine geistige Kompetenz, von der ich bei der Gestaltung meines Lebens Gebrauch machen darf. So bin ich nie vollständig getrennt von Gott und seiner Schöpfung, nicht ausschließlich ein »Ich« und ein »Selbst«. An Gottes schöpferischen Möglichkeiten wirke ich mit meinen Fähigkeiten mit, auch wenn sie zu meinen Lebzeiten nur überschaubar und begrenzt sind. Etwas davon erlebe ich als Liebe in ihren feinen, stillen und tiefgründig spürbaren Formen, als Inspirationen, Ideen und Gedanken, die mir zuteilwerden und die ich mit meinen Begabungen modellieren und ihnen so Gestalt verleihen kann. Zugleich muss ich damit zurechtkommen, dass es in der Schöpfungswirklichkeit Gottes das überaus Schreckliche gibt, das in den Gewalten der Natur zutage tritt und in den Entscheidungen der Menschen für das Böse mit allen furchtbaren Konsequenzen. So bin ich mit meinem Leben in Freude und Leid eingebunden, auch mit meinem persönlichen Versagen. Alles, was in mir an Kreativem entsteht, verdanke ich der aus dem

Urgründigen hervorgehenden, schöpferischen Dynamik. Darin sehe ich Gottes Wirken, ohne es genau zu kennen, aber ich fühle und spüre, ja, ich bin mir sicher, alles soll zum Guten hin gewandelt werden. Mit meiner beseelten Teilhabe am Ganzen ist meine Verantwortung für die Wandlung zum Guten verbunden, auch wenn das Ganze mein eigenes, eng begrenztes Umfeld um unendliche Dimensionen übersteigt. Meiner Verantwortung soll ich dennoch nach Kräften gerecht werden.

Die wichtigste daran ist: Weil alle Menschen untrennbar in die Schöpfung eingebettet und damit verbunden sind, entsteht eine neue Sicht auf die Menschheit. Sie ist nicht aus der Summe einzelner, voneinander getrennter Individuen zusammengesetzt, sondern ist selbst ein In-Dividuum, aus dem Lateinischen übersetzt, ein Un-Teilbares, ein Ganzes. Die Menschen in diesem Ganzen sind untereinander verbunden, sie sind vollständig geborgen in unserem Kosmos, alle mit allem. Und trotzdem sind sie alle, ist jeder einzelne Mensch unverwechselbar eine Person mit ihrer Seele, aus der ihre eigene Würde, Verantwortung und Freiheit hervorgeht.

Ich bin davon überzeugt, dass sehr viele Menschen eine Vorstellung davon haben, dass ihre alltäglichen Wahrnehmungen im Grunde nicht alles sind. Es gibt Momente, in denen sie sich in einer Einheit mit dem Großen, dem Vollendeten, dem Unbegreiflichen und Unbeschreiblichen erleben. Das ist sicher keine alltägliche Erfahrung, aber es gibt sie. Und sie kann eingeübt werden, zum Beispiel mit Meditationen, im Gestalten und Erleben von Kunstwerken in unterschiedlichster Form, sei es als faszinierende Musik, als inspirierende Bilder, als formvollendetes Bauen, beim Aufenthalt in der Natur und bei vielen anderen Gelegenheiten. All dies ermutigt mich, mich dafür einzusetzen, mir und anderen interessierten Menschen, gut gestützt auf die bahnbrechenden Erkenntnisse aus dem vergangenen Jahrhundert, neue Perspektiven für eine Weltanschauung zu erschließen in der Hoffnung und Erwartung, dadurch die Schönheit und Tiefe unseres Glaubens zu beleben.

Dreifaltiger Gott

In der Christenheit wird dieses Miteinander von Unterscheidung und Einheit in der Vorstellung von Gott in einer aus meiner Sicht guten und zeitgemäßen Annäherung mit der Glaubensform der Dreifaltigkeit abgebildet. Dass damit keineswegs ein Glauben an »drei Götter« gemeint ist, sei an dieser Stelle ausdrücklich hervorgehoben. Ich sehe enge Verbindungen zu meiner Darstellung der beiden Wirklichkeitsformen, hier aber auch die Unterschiede zur fernöstlichen Philosophie. Ich erinnere in diesem Zusammenhang an den Ursprung des oben erläuterten Begriffs »Person«, der ja in der wörtlichen Übersetzung »durch etwas hindurch tönen« bedeutet.

Gott ist für uns Menschen nicht konkret vorstellbar, weder allein als Menschengestalt noch ausschließlich als allumfänglich Ganzes. Ich glaube an ein tief verwurzeltes, göttlich Urgründiges, das ich gut mit den Bezeichnungen »väterlich« und »mütterlich« zuordnen kann. Die unermesslich umfassende Grundwirklichkeit kommt dieser Person Gottes nahe, wird ihr aber niemals gleich und ich stelle sie mir demnach nicht als Mann oder Frau vor. Gott in der Person Jesu Christi steht im Übergangsbereich zwischen beiden Wirklichkeitsformen für die Begegnungen und Beziehungen der Menschen untereinander und mit der gesamten Schöpfung. In diesem Übergangsbereich leben wir Menschen als Ebenbilder Gottes, übersetzt in meiner

Gedankenwelt allerdings dichter an der Weltwirklichkeit als Christus, der als wahrer Mensch und wahrer Gott sozusagen der Grundwirklichkeit näher ist. Jesus Christus vermittelt uns, getragen von der unmittelbaren, väterlich-mütterlichen Liebe aus dem göttlich Urgründigen, aber auch als Ausdruck klarer Vernunft, Gottes lebendiges Wort und erinnert uns an unsere Verantwortung gegenüber allen anderen Menschen und gegenüber der Schöpfung. Dem wird die Bezeichnung »Sohn Gottes« für Jesus Christus, so meine ich, umfänglich gerecht. Der Heilige Geist ist das zugleich schöpferische und kreative Beziehungsgefüge, mit dem alles in allumfassender Dynamik vereinigt wird. Die göttliche Person »Heiliger Geist« entspricht damit ebenfalls keiner menschlichen Person, fügt aber die als »Vater«, »Mutter« und »Sohn« umschriebenen göttlichen Personen zu einem Ganzen zusammen, in dem alles mit allem verbunden ist und aus dem heraus die gesamte Wirklichkeit in jedem Augenblick gestaltet wird, wir Menschen und unsere Welt. Der Heilige Geist hat damit in meinem Glaubensverständnis eine alles durchwirkende Bedeutung.

Ich will meine Vorstellung von der Dreifaltigkeit Gottes in einem Bild verdeutlichen. Das göttlich Urgründige sehe ich wie ein Licht. Die Quelle des Lichts bleibt mir verborgen, an deren Existenz kann ich aber zuversichtlich glauben. Das Licht ist hell, warm und schön und nimmt konkrete Gestalt an, aus der sich alles in unserer Welt Existierende zusammenfügt, auch alles Alltägliche um mich herum. Im Licht ist Jesus Christus, ohne Schatten, ganz vom Licht umfangen und mit ihm verbunden, er ist mir nahe, aber dem Licht näher als ich. Im Licht und ganz vom göttlichen Licht umfangen und durchdrungen sind mir verwandte, befreundete und bekannte Menschen, die mir in ihrem Tod vorangegangen sind. Ich selbst vereinige Licht und

Schatten in mir, ebenso wie alle und alles um mich herum in meinem Alltag, in der Welt und im ganzen Kosmos. Die Lichtstrahlen wiederum sind Heiliger Geist, göttlich urgründig, mich verbindend mit Jesus Christus, mit allen uns vorangegangenen Menschen, aber auch mit allen und allen in der Welt des Lichtes und des Schattens. So wird dieses Lichtbild zum jenseitig Unfassbaren und konkret Fassbaren zugleich, zur Geborgenheit im verbindlichen Wissen und in der empathischen Wertschätzung für das Ganze. Darin fühle ich mich eingeboren, eingebunden und geborgen. Ich weiß, dass alles, was ich jemals mit meinen Sinnen erfassen kann, nur ein winziger Teil des Ganzen ist und dass ich meinen Teil dazu beizutragen habe, das Ganze in Freiheit zum lichterfüllten Guten zu führen.

»Es gibt ebenso viele Formen des Glaubens, wie es Menschen gibt.«[71] Dem kann ich zustimmen und damit sind meine nachfolgenden Überlegungen Teil meines persönlichen Glaubensbekenntnisses. Für mich spielen der überragende Unterschied der Dimensionen zwischen beiden Wirklichkeitsformen, die allem innewohnende Dynamik und alles umfassende Verbundenheit eine große Rolle. So vergleichsweise winzig die Weltwirklichkeit ist, als Mensch mit meinem lebendigen Organismus und mit allen meinen Stärken und Schwächen bin ich Teil von ihr, so wie alle anderen Menschen und alles andere, was uns substanziell in unserer Welt zugänglich ist. Zwischen beiden Wirklichkeitsformen stehe ich mit meiner Emotionalität und meinen Gefühlen, ohne die es für mich keinen Glauben geben kann. Zuletzt wage ich den Blick in die Grundwirklichkeit als Ganzes mit ihren unendlich zahlreichen Einflussmöglichkeiten, zu der ich weder mit meinem Wissen noch mit meinem Verstand auch nur ansatzweise Zugang habe. Aber bin ich nicht berechtigt, wissenschaftliche Erkenntnisse mit meiner lebendigen Vorstellungskraft zu füllen, hervorgehend aus meinen Gedanken und meiner Phantasie, mit meinem Gespür für das Ganze, mit allem, was ich mit meinen Sinnen denken und empfinden kann und mit Gleichnissen umschreiben darf? So fühle ich mich dem Jenseitigen nahe und kann, ja darf ich einen Namen geben: Gott.

Geborgenheit in der Teilhabe an der ganzen Schöpfung

In den der Schöpfung überlassenen Freiheiten ist allerdings in unserer Wahrnehmung und Erfahrung alles geborgen, nicht nur das Gute, sondern auch das, was als das Schlechte erlebt wird. Das untrennbar mit der Freiheit verbundene Werden und Vergehen ist der Preis für die Entfaltung der Schöpfung in ihrer unfassbar komplexen, reichhaltigen, filigranen und transzendenten Dynamik. So schön das Entstehen, Aufblühen und Gedeihen ist, so schmerzlich ist oft der Untergang von allem. Gäbe es nur Aufgehen und kein Untergehen, würde alles überwuchern und im völligen Stillstand oder im Chaos enden. In diesem gesamten Kunstwerk der Schöpfung hat alles im Werden und Vergehen seinen Anteil und damit auch in der Entfaltung von Leid, Elend und Katastrophen, ausgehend von den in der Natur geborgenen Prozessen und ausgehend vom verantwortlichen Handeln der Menschen. Der mit allem und mit uns verbundene urgründige Gott, aus dem heraus die gesamte Wirklichkeit gestaltet wird, ist uns dabei nahe bei jedem Erleben, das Freude und Glück, Trauer und Schmerz mit sich bringt. Wenn diese Nähe erlebt und gespürt wird, kann sie auch im Schmerz und in der Verzweiflung ein Gefühl der Geborgenheit vermitteln und vor allem die Kraft schenken, in diesem gesamten kunstvollen Schöpfungsgefüge gestaltend aktiv zu werden.

Gott will, so meine Überzeugung, eine gute, friedvolle, gerechte und gesunde Welt und er wünscht, ja er fordert gleichermaßen von mir, dass ich seinem Willen und seinen Vorstellungen entspreche. Jede meiner Entscheidungen, auch jede vermeintlich geringe, ist dabei wirksam, da ich nur in der Beziehung zu Gott auch in der Beziehung zu allen anderen Menschen, zu allen Tieren und zur ganzen Natur leben kann. Die Vorstellung Gottes von seinem Schöpfungswerk ist vollkommen, sie ist Teil und Ausdruck seines Schöpfungswirkens, das jegliche Vergangenheit, Gegenwart und Zukunft beinhaltet. Mit der mir zugestandenen Freiheit bezieht Gott jede meiner Entscheidungen zum Guten oder zum Bösen ein. In diesem Zugeständnis, an der Vollkommenheit der Schöpfung mitzuwirken, bin ich Ebenbild Gottes, nach seinem Willen Teilhabender an seiner Macht. Er kennt jegliche Auswirkung meines Denkens, Fühlens und Handelns, auch wenn sie mir noch so unbedeutend erscheint. Sein Wille ist mir in seinem von Jesus Christus zu uns Menschen gesprochenen Wort bekannt, er will Entscheidungen zum liebevollen, achtsamen, einfühlsamen, rücksichtsvollen Umgang der Menschen untereinander und mit der belebten und unbelebten Natur. Seinem Willen gerecht zu werden, ist mein und unser Auftrag sowie meine und unsere Verantwortung.

So ist die Gestaltung der Zukunft ein gemeinschaftliches Werk mit Gott. Gelingt sie mit positiven Wirkungen, ist unsere Freude gleichermaßen die Freude Gottes mit uns Menschen. Misslingt sie, ist der Kummer ebenfalls ein gemeinsamer. Da das Leid in der Welt in Glaubensfragen und insbesondere für die Zweifelnden eine besondere Rolle spielt, ist dies ein besonders wichtiger Gedanke, der für mich die entscheidende Botschaft des Kreuzestodes Jesu ist. Für alle, die Leid am eigenen Leib ertragen müssen, möge tröstend sein, dass Gott dieses und alles andere Leid unmittelbar mitfühlt, denn als kreativer und fügender Gott ist er stets in allem, mit allem und durch alles gegenwärtig. Gott ermöglicht uns, Leid zu ertragen, das im Urgründlichen unausweichliche Werden und Vergehen, das uns als das Schreckliche, Grausame, Niederträchtige, Schmerzhafte, Kranke begegnet. Er will uns schon zu Lebzeiten eine Vorahnung der Erlösung von allem Leidvollen geben, indem er uns die Kraft für das konstruktive Gestalten, für die Linderung des Furchtbaren in der Welt und für das Vergeben, das Verzeihen und für die Gnade des Vergessens des anders nicht Erträglichen schenkt.

Ich bin davon überzeugt, dass wir Menschen als Personen ganz und gar schon immer im Urgründigen bei Gott geborgen waren, jede und jeder einzelne von uns. Dort hat unser Leben vor allen und jenseits aller denkbaren Dimensionen einschließlich Raum und Zeit Gestalt angenommen. Diese ursprüngliche Gestalt entspricht nicht unserer körperlichen Form hier auf der Welt, beinhaltet uns aber als unverwechselbare Personen. Das bedeutet nichts anderes, als dass Gott jede und jeden von uns als Person schon immer gewollt, gekannt und geliebt hat und uns alle für immer als Person bei sich beheimaten wird. Unserem irdischen Dasein verleiht er vorübergehend eine substanzielle Form. Er ermöglicht damit uns als Person ein Leben auf dieser Erde, das nach unserem Tod auf ewig weiter besteht, gewandelt durch Gedanken und Worte, durch unsere Empfindungen, Taten und Werke, mit denen wir unser irdisches Leben gestaltet haben.

Die Persönlichkeit eines jeden Menschen geht aus Gottes urgründiger Schöpfung hervor und kehrt wieder dorthin zurück. Das Wesentliche und Wirkliche jeder Persönlichkeit ist unzerstörbar und bleibt im Schöpfungsgeschehen erhalten. Die materielle Substanz menschlicher Körper ist für unser Leben im Alltag durchaus wichtig, von entscheidender Bedeutung für unser Leben im Ganzen ist aber die gesamte Persönlichkeit. Sie überragt und überdauert alles. Sie kann von nichts getrennt werden, weder nach innen noch nach außen hin. Wenngleich es zu Lebzeiten eine letzte Gewissheit nicht gibt: Vor dem Hintergrund der aufgezeigten Erkenntnisse ist der lebendige Gott in seiner dreifaltigen Schöpfungswirklichkeit für mich die Wahrheit, in der ich glauben kann. Gleiches gilt für die Hoffnung auf die Auferstehung. Gerade im Denken an das eigene Sterben birgt dieser Gedanke Trost und Hoffnung. Jeder Mensch ist nicht nur vor seiner Geburt, nicht nur während seines Lebens, sondern auch nach seinem Tod in Gottes Gegenwart ganz von Geborgenheit umfangen. Im Tod wird ihm sein Leben als Ganzes gegenwärtig. In Gottes Schöpfung finden alle Menschen ihr neues Zuhause.

Das Johannesevangelium und das Glauben im ganzheitlichen Denken

Meine Überlegungen zu einem weiten Weltverständnis eröffnen Möglichkeiten für Interpretationen der Heiligen Schrift. Im ganzheitlichen Denken klingen Worte der Heiligen Schrift nicht selten ganz anders. Wenn Sie möchten, können Sie das leicht selbst feststellen. Vielleicht achten Sie bei Gelegenheit darauf.

Einige Gedanken will ich zu einzelnen Fundstellen im Johannesevangelium vorstellen. Es unterscheidet sich im Stil und in seinen Aussagen von den Evangelien nach Matthäus, Lukas und Markus, die wesentlich konkreter über das Wirken Gottes und über Jesus, den Sohn Gottes, berichten. Bekanntlich wäre es nicht nur zu wenig, sondern grundverkehrt, die in der Heiligen Schrift geborgenen Aussagen wörtlich zu verstehen, etwa wie eine Handlungsanleitung. Damit würde der eigentliche Inhalt seiner Worte und seines Wirkens verloren gehen, die für mich nur im umfassenden Zusammenhang Sinn ergeben. Die Übersetzung der Heiligen Schrift geht einher in der Verbindung mit den Zeichen der Zeit.

Die ersten Worte des Johannesevangeliums sind eindrucksvoll und werden oft zitiert:[72]

Im Anfang war das Wort und das Wort war bei Gott,
und das Wort war Gott.
Im Anfang war es bei Gott.
Alles ist durch das Wort geworden
und ohne das Wort wurde nichts, was geworden ist.[73]

Im deutschen Text der Bibel wird üblicherweise der Begriff »Logos« (λόγος) aus dem griechischen Urtext mit »Wort« übersetzt, was den Eindruck erwecken könnte, dass Gott schon zu Beginn aller Zeiten wie ein Mensch sein gesprochenes Wort an uns Menschen richtet. Dies ist, wie mehrfach erwähnt, ein weit verbreitetes Bild von Gott, das eng mit der Vorstellung einer menschlichen Gestalt verbunden ist, möglicherweise bedingt durch zahlreiche künstlerische Darstellungen mit dem Vater als alten Mann, dem Sohn als jungen Mann und dem Heiligen Geist als Taube.

Ich meine, dieses Bild zum dreifaltigen Gottesverständnis sollte überdacht und neu gezeichnet werden. Ich habe Gedanken vorgestellt von einem tief verwurzelten, gestaltend göttlichen Urgründigen als »väterlich« und »mütterlich«, entsprechend der Grundwirklichkeit. Im Übergangsbereich zwischen beiden Wirklichkeitsformen sehe ich das dynamisch Allumfassende, Fügende als »Heiliger Geist«. Jesus Christus steht für die Gegenwart Gottes in der Weltwirklichkeit mit seiner besonderen Beziehung zum Urgründigen Gottes. Deswegen ist es naheliegend, mit dem Begriff »Logos« umfassend weite, hohe und tiefe Bedeutungen zu verbinden, viel, viel mehr als das von einem Menschen geschriebene oder gesprochene Wort.[74] Das Gegenständliche wäre zu überführen in ein Bild des durchwirkenden Schwingens, in der alles Lebende lebendig und alles Geformte in Form gehalten wird. Mit meiner den naturwissenschaftlichen Erkenntnissen angenäherten Weltsicht sind dies meine Gedanken zum Prolog:

Im Anfang waren unermessliche
dynamische schöpferische
Gestaltungsmöglichkeiten
und sie waren bei Gott,
und sie waren Gott.
Im Anfang waren sie bei Gott.
Alles ist durch sie geworden
und ohne unermessliche
dynamische schöpferische
Gestaltungsmöglichkeiten
wurde nichts,
was geworden ist.

Im Einklang mit diesen Gedanken habe ich meine auf eine menschliche Gestalt eingeschränkte Vorstellung von Gott um ganzheitliche Dimensionen erweitert. Das Wirken Gottes besteht nicht darin, wie ein Bildhauer einen Gegenstand zu gestalten, der alles in unserer Welt Existierende geformt hat, dann sein Werk aus seiner Hand gibt und aus der Ferne beobachtet. Nein, Gott bleibt seinem Schöpfungswerk in ständigem Wirken treu, alles birgt zugleich Gott in sich und so ist und bleibt Gott in diesem Vergleich stets Bildhauer und Skulptur zugleich. Gottes Wirken ist ohne Unbegreifbarkeit und ohne Unerreichbarkeit im Großen wie im Kleinen für mich nur denkbar in grenzenloser Freiheit, in unermesslich wirkdynamischen Prozessen, in unüberschaubar zahlreichen Wirkungen und mit ungezählten Möglichkeiten.

> *In ihm war das Leben und das Leben war das Licht der Menschen. Und das Licht leuchtet in der Finsternis und die Finsternis hat es nicht erfasst.*[75]

Gott schenkt einen Teil seiner unbegrenzten Möglichkeiten dem uns zugänglichen Kosmos, unserer Welt und uns Menschen mit unserer gesamten Existenz. Das ist unser Leben, im Wesentlichen die mittlerweile als Begriff vertraute Weltwirklichkeit. Sie ist ein Bild für unsere Möglichkeiten der Teilhabe am Ganzen. Der Evangelist Johannes bezeichnet dieses Lebendige mit dem Bild des Lichts, das er in seinem Evangelium immer wieder aufgreift. Ich habe versucht, diesen Gedanken in meinem Bild nachzuvollziehen. »Licht« ist zugleich ein Synonym für Jesus Christus, der sein Leben mit uns verbringt als Zeichen der Teilhabe Gottes an allem in unserer Welt:

Das wahre Licht, das jeden Menschen erleuchtet, kam in die Welt. Er war in der Welt und die Welt ist durch ihn geworden, aber die Welt erkannte ihn nicht. Er kam in sein Eigentum, aber die Seinen nahmen ihn nicht auf. Allen aber, die ihn aufnahmen, gab er Macht, Kinder Gottes zu werden, allen, die an seinen Namen glauben, die nicht aus dem Blut, nicht aus dem Willen des Fleisches, nicht aus dem Willen des Mannes, sondern aus Gott geboren sind. Und das Wort ist Fleisch geworden und hat unter uns gewohnt und wir haben seine Herrlichkeit gesehen, die Herrlichkeit des einzigen Sohnes vom Vater, voll Gnade und Wahrheit.[76]

Aus Gottes unbegrenzten Einflussmöglichkeiten geht als Geschenk an uns Menschen Jesus Christus hervor, seine Menschwerdung, sein Menschsein und sein Gottsein. Wenn ich daran glaube, dass Gott über vollumfängliche Freiheiten verfügt, kann ich an diese Einzigartigkeit in der Person von Jesus Christus als wahrer Gott und wahrer Mensch glauben, vom Evangelisten Johannes als »wahres Licht« bezeichnet. Wir haben ja gesehen, dass aus all den Wirkpotenzialen zu jeder Zeit alles, was es gibt, gefügt wird, auch unser Leben. So deute ich die biblische Botschaft der Jungfrauengeburt. Es kommt mit Blick auf das Urgründige dieser Erzählung nicht wirklich auf die sichtbaren biologischen Zusammenhänge, sondern auf Gottes vollumfängliche Freiheiten an.

Wer sich dem Gedanken unbegrenzter Dimensionen in der umfassenden Wirklichkeit öffnet, kann sich die vollkommene Weite des Glaubens erschließen. Diese Weite des Glaubens legt der Evangelist Johannes in ganz besonderer Weise dar:

Ich bin das lebendige Brot, das vom Himmel herabgekommen ist. Wer von diesem Brot isst, wird in Ewigkeit leben. Das Brot, das ich geben werde, ist mein Fleisch, (ich gebe es hin) für das Leben der Welt.[77]

Gott und Jesus sind eine Einheit, aber Jesus ist nicht selbst Gott, sondern zugleich Mensch. Jesus verkörpert als Mensch die Botschaft von der Liebe Gottes. Jesus spricht und handelt in dieser einzigartigen Beziehung unmittelbar aus Gott heraus. Gottes schöpferisches Wirken ist unerschöpflich, ich habe dies mit dem Bild der unfassbaren Vielfalt der Wirkpotenziale zu übersetzen versucht. Der Evangelist Johannes erreicht in seinen Gedanken eine Dimension, die nicht mehr übertroffen werden kann. Gottes Wirken ist in der Weltwirklichkeit zugleich von fassbarer Beschaffenheit. Johannes umschreibt diese Qualität mit dem Begriff »lebendiges Brot« und »mein Fleisch«. Wer an Gott glaubt, vertraut in den unerreichbar jenseitigen, zugleich aber lebendigen, substanziell gegenwärtigen Gott, der uns für alle Zeiten nahe ist. Damit ist das uns verheißene ewige Leben von dieser jenseitigen, zugleich aber lebendigen Beschaffenheit, an der wir selbst dereinst für alle Zeiten teilhaben werden.

Der ebenfalls Johannes zugeschriebene erste Johannesbrief sieht in einer berühmt gewordenen Formulierung Gott als Liebe.

Gott und die Liebe sind eins.[78]

Unerreichbarkeit im Großen wie im Kleinen, grenzenlose Freiheiten und Wirkungsmöglichkeiten: Das ist Gottes Liebe, die wir als Menschen auf unsere Weise untereinander und in der Beziehung zu Gott leben und erleben dürfen. Wer kennt nicht das hohe Lied der Liebe im ersten Korintherbrief des Apostels Paulus? Dort werden die der Liebe zugeschriebenen Eigenschaften dargestellt:

> *Die Liebe ist langmütig, die Liebe ist gütig.*
> *Sie ereifert sich nicht, sie prahlt nicht, sie bläht sich nicht auf.*
> *Sie handelt nicht ungehörig, sucht nicht ihren Vorteil,*
> *lässt sich nicht zum Zorn reizen, trägt das Böse nicht nach.*
> *Sie freut sich nicht über das Unrecht,*
> *sondern freut sich an der Wahrheit.*
> *Sie erträgt alles, glaubt alles, hofft alles, hält allem stand.*
> *Die Liebe hört niemals auf.*[79]

Dass Gott und die Liebe eins sind, wird mit dieser Botschaft und insbesondere in den Worten »Die Liebe hört niemals auf« mit den alle Grenzen übersteigenden Dimensionen deutlich.

Wenn ich mich am Wirken von Jesus Christus orientiere, kann ich zwar nicht begreifend, aber erahnend ein Bild von der Liebe Gottes erhalten. Seine Worte allein wörtlich zu verstehen, reicht nicht aus, so wie die nach meiner Überzeugung allenfalls unzureichende Übersetzung des Wortes »Logos« mit »Wort«. Eine ganzheitliche, großzügige Sicht kann hier weiterhelfen, mit der ich eine dem unfassbar großen Gott nahekommende, bildliche Vorstellung vor meinem inneren Auge entstehen lasse, so wie ich auch mit dem naturwissenschaftlichen Geschehen nur näherungsweise ein Bild vom Ganzen entwerfen kann. Die Botschaft Gottes an mich und an uns Menschen nach meiner Überzeugung ist, trotz aller unserer Unzulänglichkeiten immer vollkommener in unserem Denken und Wirken hin zum Guten zu werden.

Hierzu noch einige Gedanken zu den im Johannesevangelium beschriebenen Zeichen, so die Wandlung von Wasser in Wein bei der Hochzeit von Kana in Galiläa, die Heilung des Sohnes des königlichen Beamten in Kafarnaum, die Heilung des Gelähmten am Sabbat in Jerusalem, die Speisung einer Volksmenge am See von Tiberias, die Heilung eines Blinden am Teich Schiloach, die Auferweckung des toten Lazarus aus Bethanien und die Offenbarung am See von Tiberias mit dem mit Fischen übervollen Netz auf der rechten Seite des Bootes.

Oft ist der Einwand zu hören, dass solche Zeichen mit den Gesetzen der Naturwissenschaft nicht vereinbar sein können. Zahlreich sind die Erklärungsversuche, indem plausible Bezüge zu unserer Wahrnehmungswelt hergestellt werden. Ich habe keine Schwierigkeiten, die Zeichen als Ausdruck für Gottes vollumfängliche Freiheiten zu deuten. Weil Jesus Christus wahrer Gott und wahrer Mensch ist, lässt der zu jeder Zeit in der Welt gegenwärtige Gott ihn an seinen schöpferischen Möglichkeiten teilhaben, auch in der Form, die uns in der Heiligen Schrift überliefert sind. Kommt es wirklich darauf an, ob ich sie mir mit Begriffen der Wissenschaft erklären kann?

Ich erinnere an die bildliche Vorstellung einer fein strukturierten, extrem ausgeprägten Lebendigkeit der Natur. Sie hat vor Augen geführt, dass der dingliche, für uns wahrnehmbare Anteil am Ganzen winzig ist, lediglich eine ganz zarte Struktur, in der Masse und Energie nur einen verschwindend kleinen Anteil ausmachen. Alles andere sind Fügungen mit unermesslich unterschiedlichen Wirkpotenzialen aus dem Urgründigen heraus. Entscheidend ist das Gefühl, umgeben und eingebettet zu sein in das Ganze, das kein »oben« kennt und kein »unten«, kein »vorne«, kein »hinten«, kein »links« und kein »rechts« – der Himmel ist überall, nicht nur über uns. So ist der gedankliche Schritt nicht weit, die Menschwerdung von Jesus Christus als Ausdruck dieser vollständigen Einbettung zu verstehen. Das dinglich Wahrnehmbare ist lediglich Teil der Gesamtwirklichkeit, es kommt demgegenüber auf die biologisch nachvollziehbaren Vorgänge gar nicht wesentlich an.

Im Johannesevangelium finde ich den Auftrag, im Eins-Sein unsere Bestimmung zu suchen, in der Bitte Jesu an Gott für alle Glaubenden:

> *Aber ich bitte nicht nur für diese hier, sondern auch für alle, die durch ihr Wort an mich glauben. Alle sollen eins sein: Wie du, Vater, in mir bist und ich in dir bin, sollen auch sie in uns sein, damit die Welt glaubt, dass du mich gesandt hast. Und ich habe ihnen die Herrlichkeit gegeben, die du mir gegeben hast; denn sie sollen eins sein, wie wir eins sind, ich in ihnen und du in mir. So sollen sie vollendet sein in der Einheit, damit die Welt erkennt, dass du mich gesandt hast und die Meinen ebenso geliebt hast wie mich. Vater, ich will, dass alle, die du mir gegeben hast, dort bei mir sind, wo ich bin. Sie sollen meine Herrlichkeit sehen, die du mir gegeben hast, weil du mich schon geliebt hast vor der Erschaffung der Welt. Gerechter Vater, die Welt hat dich nicht erkannt, ich aber habe dich erkannt und sie haben erkannt, dass du mich gesandt hast. Ich habe ihnen deinen Namen bekannt gemacht und werde ihn bekannt machen, damit die Liebe, mit der du mich geliebt hast, in ihnen ist und damit ich in ihnen bin.* [80]

Die Bedeutung dieser Bitte Jesu für unser Leben in Gesellschaft und Kirche kann nicht hoch genug eingeschätzt werden. Es geht um eine erweiterte, eine ganzheitliche Wahrnehmung, die nicht allein rational begründet ist, sondern versucht, mehr zu erfassen, als die eng durch unsere menschliche Vernunft begründete Sicht.[81] Für mich kommt es sehr darauf an, nicht nur die mir nahestehenden Menschen in dieses »Verstehen« im erweiterten Sinn einzubeziehen, sondern eine weite, ja globale Perspektive einzunehmen. Das soll die besondere Bedeutung des eigenen Umfelds, insbesondere das der Familie, keinesfalls schmälern. Die Dynamik der Wirkpotenziale vermittelt mir aber, dass alles in der Welt, ja im gesamten Kosmos grundsätzlich auch auf mich selbst und auf mein Umfeld einwirkt – und umgekehrt. So ist das Verstehen nicht nur in der gegenseitigen Beziehung in meiner persönlichen Umgebung von Bedeutung, sondern all das, was die Menschen ebenfalls andernorts bewegt. Gleiches kann ich selbst im Übrigen von den anderen Menschen erwarten! In diesem Sinne ist die bildliche Vorstellung von der höchsten Lebendigkeit der Natur zu deuten, die mich immer wieder daran erinnern kann, wie eng meine auf die Weltwirklichkeit beschränkte Perspektive sein kann und wie hell und weit die ganzheitliche Sichtweise ist.

Das hat ja nicht nur Auswirkungen auf die ganz persönliche Wahrnehmung, im eigenen Umfeld, in der direkten Beziehung zu anderen Menschen. Auch in den Gesellschaften, in den Staaten und Völkern, in den Kirchen und Religionsgemeinschaften, ja in allen globalen Beziehungen spielt eine Sichtweise aus dem Ganzen heraus eine überragende Rolle. Wenn uns nichts voneinander trennt, weder zwischen den Menschen, noch zwischen den Menschen und der Natur, wenn alle und alles miteinander verbunden ist, kann ich gar nicht anders, als mein Denken und Handeln danach auszurichten. Wenn eine sich ständig wandelnde, unübersehbare Vielfalt ein gemeinsam Urgründiges ist, tue ich gut daran, dieses Geschehen als Teil des schöpferischen Wirkens Gottes zu respektieren. Die anderen sind so wie sie sind und das Andere ist so wie es ist. Ich nehme Einfluss auf andere und das Andere und umgekehrt ist es genauso in ständig sich wandelnden, wechselseitigen Prozessen. Ich habe Respekt angesichts dieses gesamten Geschehens und ich erwarte Respekt mir gegenüber, der ich Teil dieses Geschehens bin. Eine rigorose Spaltung in »schwarz« und »weiß«, in »gut« und »böse«, in »gerecht« und »ungerecht« empfinde ich damit als unnatürlich, als kontraproduktiv, ja geradezu als ungesund.

Sterben, Tod und Auferstehung Jesu

In besonders eindrucksvoller Weise wirft ja das Leiden und Sterben Jesu Fragen nach der Qualität dieser Beziehung zwischen Gott und Mensch auf. Stellt man sich Gott wie eine menschliche Person vor, nur vielleicht etwas größer an Statur, also das oft bemühte Bild des »alten Mannes auf den Wolken«, dann ist das fehlende Eingreifen, die Verlassenheit, die Jesus am Kreuz ja in bewegender Weise beklagt, erst recht ganz und gar unverständlich. Wenn Gott aber als rational unerreichbar im Großen wie im Kleinen gedacht wird, grenzenlos frei, lebendig, aber in den Beziehungen mit uns Menschen als vielfältig wirksam spürbar und alles ermöglichend, dann wird die Botschaft seines Todes zu einer ganz besonderen. Jesus in seiner einzigartigen Beziehung unmittelbar mit Gott nimmt teil an Gottes Unerreichbarkeit, die alles, was es gab und gibt, ermöglicht hat, Freude und Hoffnung, Trauer und Leid. Jesus weiß letzten Endes darum und nimmt seinen Kreuzestod, den er ebenfalls klar vor Augen hat, trotz aller entsetzlichen Qualen freiwillig auf sich. Er weiß, dass es die Beziehung zwischen ihm und Gott nur als Ganzes gibt, nur in vollendeter Hingabe. Er weiß aber auch, dass mit seinem Tod seine Einheit mit Gott und dessen Liebe vollständig erhalten bleibt. Die kurz zuvor noch aufkommende Verzweiflung in der Verlassenheit mündet ein in die Gewissheit, dass eben diese Einheit vollbracht ist.

Die Botschaft für uns Menschen ist, dass wir wie ganz genauso vor unserer Geburt nach unserem Tod weiterhin an dieser Gemeinschaft mit Gott und mit allen unseren in Beziehungen wirksam gelebten Haltungen und Erfahrungen teilhaben werden. Wir hoffen, dass es in dieser Gemeinschaft mit Gott eine überaus schöne und tiefe Erfahrung der Liebe geben wird. Das ist die Hoffnung, aus der wir Kraft schöpfen dürfen. Die Heilige Schrift gibt uns dafür genügend Grundlagen, einige aus dem Johannesevangelium habe ich benannt. Ein Trost besonders für alle Menschen, die einen geliebten Menschen verloren haben oder auch für die, die in naher Zukunft ihrem eigenen Tod entgegensehen.

Aber was bedeutet es, wenn ich nach meinem Tod an der Liebe Gottes und zugleich mit allen meinen, in Beziehungen wirksam gelebten Haltungen teilhaben werde? Wie das genau aussehen wird, kann mir niemand sagen und ich kann es niemals wissen. Aber ich darf eine Ahnung entwickeln, ein Gespür auf der Grundlage dessen, was ich bisher über die Zusammenhänge in unserer Welt und unserer Natur erfahren und lernen konnte. So kann ich zumindest mit guten Gründen davon ausgehen, dass ich mit meinem Körper zu keiner Zeit unveränderlich war, bin und sein werde. Das bedeutet für mich, dass ich getrost und getröstet die Annahme aufgeben kann, dass in mir »Körper« und »Geist« jemals getrennt waren, noch getrennt sind und nicht getrennt sein werden.

So wie ich jetzt teilhabe am Ganzen, wird es auch nach meinem Tod sein. Ich war niemals ein »Nichts« und werde mich niemals in ein »Nichts« auflösen. Ich glaube: Ich werde nicht mehr wie zu Lebzeiten auf meine leibliche Substanz konzentriert sein. Ich bin damit nicht mehr an die Begrenztheit meines Körpers gebunden, ich werde erlöst sein von allem an meinen Körper Gebundenen: Krankheit, Schmerzen, Kummer, Schwäche und Unvermögen. Vielmehr werde ich in einer ganz anderen, für mich nicht vollständig vorstellbaren Form als Person lebendig sein. Ich bin mit allem verbunden und nehme teil an dem für die lebenden Menschen Unerreichbaren in immerwährender lebendiger Freiheit. Ich bin befreit von allem, was es für mich zu Lebzeiten an Starrem, Eintönigem, Begrenzten und Festgelegten gegeben hat. Ich werde die Möglichkeit haben, allen anderen Menschen zu begegnen, in besonderer Weise aber den Menschen, denen ich im Leben nahe und in Liebe verbunden war und bin.

Viele Menschen bewegt, ob sie selbst nach ihrem Tod für ihre zuvor verstorbenen Lieben wieder erkennbar sein werden und ob sie selbst von ihnen wieder erkannt werden. Ich glaube daran, dass die Hoffnung darauf sehr gut begründet ist. Vor allem mit ihnen bleibe ich verbunden im Leben und bis über ihren Tod hinaus. Meine Einzigartigkeit als Person wird, so glaube ich, in einer Form erhalten bleiben, die nicht mehr dem unseres leiblichen Körpers entsprechen wird. Deswegen ist es mir wichtig, mich nicht mehr als notwendig an mein Äußeres und an alles andere Materielle zu binden. Viel bedeutsamer wird sein, mein Leben gemeinsam mit anderen wertschätzend zu gestalten. Wenn wir Menschen Positives in unserer Umgebung bewirken und die Liebe, zu der wir fähig sind, lebendig werden lassen, können wir Gott bereits während unseres Lebens nahekommen und dies, so mein Glaube, wird uns über unseren Tod hinaus erhalten bleiben und weiter in der Welt lebendig wirken. Diese liebevollen Beziehungen werden wir als unerschöpflich kraftvoll und lebendig erleben und zugleich in ihnen eine tiefe Ruhe und Gelassenheit finden.

Unvollkommenheiten gegenseitig vergeben

Habe ich zu Lebzeiten in Beziehungen zu anderen Menschen versagt, werde ich dies nach meinem Tod als Unvollkommenheit erleben. Diese Unvollkommenheit kann nach meinem Tod vollkommen werden, wenn mir vergeben wird. Gleiches geschieht mit Beziehungen, in denen andere Menschen mir gegenüber versagt haben. Auch diesen Menschen kann ich mit meiner Vergebung meinen Teil zu ihrer Vollkommenheit in vollendeter Liebe beitragen. In allem, mit allem und über allem aber steht Gott in seiner unendlichen Barmherzigkeit, die alles Enge und Begrenzte, an das ich zeitlebens gebunden war, klein und unbedeutend machen wird.

Wie ist es aber dann mit der Auferstehung? Jesus Christus hatte zu Lebzeiten durch sein Reden und Handeln eine Wirkung, mit der er unmittelbar Anteil an der unermesslichen Schöpfungskraft Gottes hatte. Das Wirken Jesu auf Erden und das schöpferische Wirken Gottes waren eins und hatten damit substanzielle Qualität in allen für uns Menschen denkbaren Dimensionen und darüber hinaus. Das Teilen in Liebe ist ein Tun von wahrhaftig elementarer Qualität. »Tut das zu meinem Gedächtnis!« Insofern ist verständlich, dass das Wirken Jesu nach seinem Tod nicht verschwunden ist, sondern bis heute seinen substanziellen Charakter beibehalten hat. Dies haben, so meine ich, die Jüngerinnen und Jünger, die Jesus zu Lebzeiten selbst gefolgt sind, damals als wahrhaftige Auferstehung erlebt, Auferstehung als gemeinsam gelebte und lebendige Liebe. Liebe als ein bleibend wirksames Geschehen, an dem wir bis heute teilhaben dürfen. Bemerkenswert ist, dass die Jüngerinnen und Jünger nicht von Anfang an die Einheit von Jesus mit Gott erkannt und anerkannt haben. Als dies aber während ihrer Nachfolge geschehen, ausdrücklich ausgesprochen und bekräftigt wurde, ist Gottes Wirken in Jesus bei den Jüngerinnen und Jünger offenkundig geworden, nicht virtuell, sondern ganz konkret und substanziell. Dieser Glauben wird vom Evangelisten Johannes im Gleichnis vom ungläubigen Thomas angesprochen:

Acht Tage darauf waren seine Jünger wieder versammelt und Thomas war dabei. Die Türen waren verschlossen. Da kam Jesus, trat in ihre Mitte und sagte: Friede sei mit euch! Dann sagte er zu Thomas: Streck deinen Finger aus – hier sind meine Hände! Streck deine Hand aus und leg sie in meine Seite und sei nicht ungläubig, sondern gläubig! Thomas antwortete ihm: Mein Herr und mein Gott! Jesus sagte zu ihm: Weil du mich gesehen hast, glaubst du. Selig sind, die nicht sehen und doch glauben.[82]

»Selig sind, die nicht sehen und doch glauben.« Wer kennt ihn nicht, diesen Satz aus dem Johannesevangelium, von Jesus an den Apostel Thomas und an uns alle gerichtet. Oft wird uns buchstäblich vor Augen geführt, wie wenig wir sehen, erkennen, wissen können – und auch wollen. Für uns Menschen sind die uns überlieferten Worte und Taten Jesu von unvergänglichem, von substanziell bedeutsamem Wert. Alles, was er gesprochen und getan hat, ist Ausdruck seiner unmittelbaren Beziehung zu Gott. Zu Gott, dessen Freiheit und Liebe ohne Grenzen ist. Gott schenkt uns Menschen Freiheit und fordert uns zugleich heraus, an seinem schöpferischen Wirken verantwortlich teilzuhaben. Er will, dass wir unsere Freiheit im Denken und Handeln in Liebe verwandeln.

Nicht nur als Liebe zu den Menschen, mit denen wir unser Leben unmittelbar teilen, in Familie, Partnerschaft und Freundschaft. Liebe wird als Achtsamkeit, Wertschätzung und Respekt gegenüber den Menschen gelebt, mit denen wir in Gemeinschaften verbunden sind: Am Arbeitsplatz, in Kirchengemeinden, in kommunalen Gemeinden, in Vereinen, in Parteien und Gewerkschaften, in der Gemeinschaft der Menschen eines Staates und in der Gemeinschaft aller Staaten der Welt. Liebe zu leben bedeutet, sorgfältig, gewissenhaft und mit Hingabe Wirkung zu entfalten. Wir dürfen uns selbst in unserem Leben ernst nehmen, wir dürfen für uns sorgen, unseren Anteil am Ganzen verantwortlich bedenken und gestalten. Wir dürfen und sollten uns dafür einsetzen, dass andere ebenfalls ihrer Verantwortung am Ganzen gerecht werden können. Füreinander da sein, aneinander denken, füreinander beten, füreinander handeln, das ist für mich gelebte Liebe.

Großzügig, freimütig, selbstlos, hingebungsvoll

Im Vordergrund einer weiten, ganzheitlichen Sichtweise steht die Schärfung und Verfeinerung unseres Gespürs für das Umfassende, für die Einbettung in Gottes Schöpfung. Dazu gehört, dass wir uns nicht allein auf das verlassen dürfen, was wir mit unseren Sinnen erfassen können. Die Berufung auf das sogenannte Naturrecht darf sich nicht auf diesen kleinen Ausschnitt der Wirklichkeit beschränken und daraus konkrete, enge und oft so widersprüchliche Handlungsvorgaben ableiten. Es geht um viel, viel mehr. Warum sollten wir nicht großzügig, freimütig, selbstlos, hingebungsvoll sein dürfen? Warum müssen wir immer auf einem entweder – oder bestehen, wenn es doch ein sowohl – als auch sein könnte?

Gott hat uns nicht verlassen. »Siehe, ich bin bei euch alle Tage bis an der Welt Ende«, so Jesu Wort beim Evangelist Matthäus. Der dreifaltige Gott vollbringt unablässig sein Schöpfungswerk. Er will das Gute. Und er will uns an seinem Wirken teilhaben lassen. Dazu sind wir aufgefordert! Teilhabe als Befreiung und Verantwortung zugleich. Auch wenn wir als einzelne Menschen immer nur über sehr begrenzte Kräfte verfügen, wir bleiben niemals ganz ohne Wirkung: Im Gespür für das Ganze sind gleichermaßen kleine Worte, Taten und Gesten wichtig, als unmittelbare Teilhabe an Gottes Schöpfung. Sie können in empfindsamen Situationen Bedeutendes bewirken.

Gerne wüsste ich mehr darüber. Aber ich werde für immer vor unlösbaren Rätseln stehen. Eines davon ist zweifellos, dass die Teilhabe an Gottes Wirken viel Schönheit und Freude, aber auch entsetzliches Elend und Leid mit sich bringen kann. Ja, mein Verstehen, Begreifen und Besitzen stößt an enge Grenzen. Die materiellen Gestaltungsmöglichkeiten und das Besitzergreifen mit dem Verstand sind oft geringer, als ich wahrhaben will. Wirklich frei werde ich mit meinem teilnehmenden Fühlen und Empfinden, mit meinem Denken und Sinnieren hinein in eine unermessliche Weite. Es ist das Gespür für das Unbegreifliche, mit dem mein Leben entscheidend an Bedeutung und Qualität gewinnen kann.

Wir Menschen haben alle die gleiche Würde. All den in diesem Buch dargestellten Gedanken entsprechend ist sie gleichbedeutend mit Gottes Gegenwart in uns und vereint zugleich die Kostbarkeit unserer Existenz mit der damit einhergehenden Verantwortung für unsere Teilhabe am Schöpfungsgeschehen.

Das heißt: Kein einziger Mensch ist »egal«, keiner darf im Abgrund der Gleichgültigkeit verschwinden. Trotz aller Begrenzung unserer Kräfte sind wir gehalten, uns im Gefühl der Geborgenheit in der Weite der Schöpfung für die Wahrung und Stärkung der Würde aller Menschen einzusetzen. Wir dürfen nicht müde werden, unsere Hoffnung auf die vollständige Wiederherstellung unserer Einheit mit Gott und sein aus nie endender Liebe hervorgehendes Wirken zu bezeugen. Mit Blick auf die christlichen Kirchen und Gemeinschaften wünsche ich mir, dass der Blick auf das göttliche Wirken im dreifaltigen Gott in der Verkündigung und Feier des Glaubens besser zur Geltung kommt, an der in gleichberechtigter Form auf Augenhöhe alle nach ihren Fähigkeiten und Möglichkeiten teilhaben. Gemessen an der unfassbaren Größe Gottes dürfte so manche Diskussion um Regeln und Strukturen, um Profile und Abgrenzungen, um Hierarchien und Unterordnungen gar nicht erst geführt werden!

Jede Kirche und Glaubensgemeinschaft hat Möglichkeiten, aber auch Verpflichtungen, die Freude am dynamischen und vielfältigen Schöpfungswirken Gottes bis hinein in Diözesen, Dekanate und Kirchengemeinden zu entfalten. Was ist wirklich wichtig? Wenn es richtig und stimmig ist, dass alles, was es gibt, unablässig gewandelt wird, gilt das gleichermaßen für Strukturen, Regeln und Gesetze, denn sie sind Teil der alle Lebenswirklichkeiten umfassenden Schöpfung Gottes. Eine Erstarrung, die sich zunehmend von der dynamischen Entwicklung des Wissens abkoppelt, darf für eine Glaubensgemeinschaft niemals zentraler Glaubensinhalt sein. Neben Behutsamkeit im Wandel sind deutliche Zeichen notwendig und alles muss sich an der unerschöpflichen Liebe und unfassbaren Größe Gottes messen lassen.

Konkret betrifft dies in der katholischen Kirche die Teilhabe an den kirchlichen Ämtern. Der entscheidende Maßstab ist das in jedem Menschen gegenwärtige Schöpfungswirken Gottes, verbunden mit dem Auftrag, daran den jeweiligen Möglichkeiten entsprechend konstruktiv mitzuwirken. Das Festhalten an äußerlichen Kriterien, wie etwa an dem in der Weltwirklichkeit verorteten Geschlecht, wird Gottes unfassbarer Größe nicht gerecht. Von Bedeutung ist dagegen die Qualität, mit der ein Mensch in Gedanken, Worten und Werken eine umfassende und zum Guten hin wirkende Beziehung sowohl zu Gott als auch zwischen den Menschen herzustellen vermag. Wer sich in dieser Weise in einer kirchlichen Gemeinschaft bewährt, dem kann von ihr ein Amt übertragen werden. Sicherlich gibt es differenzierte Anforderungen und damit Unterschiede des Ämterzuschnitts und passend dazu Feiern der Amtseinführung, etwa wenn besondere Bildungsvoraussetzungen oder eine freiwillige Bindung an eine ehelose Lebensform vorliegen. Angesichts Gottes Gegenwart auf Erden können wir sicher sein, dass wir mit einer dem göttlichen Wirken entsprechenden, vielfältigen Ausgestaltung des kirchlichen Lebens niemals gegen seinen Willen handeln werden.

Als Mitwirkende im Schöpfungsgeschehen haben alle Menschen bei den großen Themen der Zeit – Frieden, Klimawandel, Gerechtigkeit, Sicherheit – ihre ureigene Verantwortung, die Schöpfung mit Gespür für das Ganze für alle und alles mitzugestalten. Die Beziehung zur Transzendenz Gottes ist dabei immer entscheidend. Spaltungen gibt es im unendlich tiefen Urgrund des Schöpfungsgeschehens nicht und sie dürfen daher weder kulturell noch gesellschaftlich zum Ziel werden. In jeder Glaubensgemeinschaft gibt es letztlich nur die eine Wahrheit einer unauflöslichen Rückbindung – lateinisch Religion – an Gott.

Gleiches gilt für jede Gesellschaft. Sie muss sich stets vergegenwärtigen, dass politisch wirksames Handeln immer aus dem Urgrund Gottes schöpferischen Wirkens heraus alle Menschen und die ganze Schöpfung betrifft. Kein Mensch und erst recht nicht ein an Gott glaubender Mensch kann sich daher in eine eigene, gute Welt flüchten, heraus aus einer vermeintlich anderen, schlechten Welt. Wie gefährlich die Verführung ist, die vermeintlich gute Welt anderen mit Gewalt aufzuzwingen, ist allzu offensichtlich.

Viele werden an diese Stelle immer noch sagen, Gott und sein Wirken sei nur eine schöne Illusion. Ja, wir können Gott nicht beweisen, aber wir können an Gott glauben. Deswegen gibt es keinen Grund, uns »am Rande des Universums« verortet zu fühlen.[83] Wir alle, jede und jeder einzelne als Person, nehmen Teil am göttlichen Wirken. Unsere Worte und Werke, unsere Gedanken und Gebete, gewinnen ganz besonders an Bedeutung in Beziehungen zu allen anderen Menschen: zu allen, die jetzt mit uns leben, zu allen, die schon verstorben sind, und zu allen, die künftig leben werden. In unserer verantwortlichen Verbundenheit mit ihnen sind wir frei und zugleich Gott nahe. Wenn wir uns darauf einlassen, kann uns diese verantwortliche Verbundenheit immer wieder leicht und beschwingt machen. Wer bereit ist, sich selbst als Person in das Ganze einzufügen, wird, so hoffe ich, an einem Glauben in dieser freien Form Gefallen finden und eine stille, aber tiefe und für die eigene Existenz tragfähige Freude erleben dürfen.

Mit dem Glaubensbekenntnis bezeugen Christinnen und Christen auf der ganzen Welt ihren Glauben an den dreifaltigen Gott. Die mich beim Sprechen der Worte begleitenden Gedanken möchte ich mit Ihnen teilen.

Glaubensbekenntnis	Meine Gedanken
Ich glaube an Gott, den Vater, den Allmächtigen, den Schöpfer des Himmels und der Erde,	Ich glaube an Gott, transzendent, unfassbar, umfassend dynamisch, an sein urgründiges väterliches und mütterliches Schöpfungswirken, aus dem alles Vorstellbare und Unvorstellbare in ständiger Wandlung hervorgeht, in dem wir geborgen waren, sind und sein werden,
und an Jesus Christus, seinen eingeborenen Sohn, unseren Herrn,	und an Jesus Christus, Gottes Sohn und wahrer Mensch, unseren Bruder, Freund und Lehrer durch Gottes Wort,
empfangen durch den Heiligen Geist,	der aus Gottes urgründigem Schöpfungswirken als sein Ebenbild hervorgegangen ist, vermittelt durch den Heiligen Geist,
geboren von der Jungfrau Maria,	geboren von Maria, die Gottes unbegreiflichen Willen in Liebe und Demut angenommen hat,
gelitten unter Pontius Pilatus, gekreuzigt, gestorben und begraben,	gelitten unter Pontius Pilatus, gekreuzigt, gestorben und begraben,
hinab gestiegen in das Reich des Todes,	von Gott im Tod gewandelt vor unseren Augen,
am dritten Tage auferstanden von den Toten,	dessen kostbare, liebevolle und erlösende Person als Gottes Sohn wir Menschen erst nach seinem Tod gewürdigt haben,

aufgefahren in den Himmel; er sitzt zur Rechten Gottes, des allmächtigen Vaters,	der weiter lebt im väterlich und mütterlich urgründigen Schöpfungswirken,
von dort wird er kommen, zu richten die Lebenden und die Toten.	und der uns mit seinen von Gott empfangenen Worten stets an unsere Verantwortung erinnert, mit unserer Freiheit in der Welt umzugehen.
Ich glaube an den Heiligen Geist,	Ja, ich glaube an den Heiligen Geist, das Beziehungsgeschehen zwischen dem Urgründigen Gottes und allen und allem von Gott im Kosmos Geschaffenen und Gefügten,
die heilige katholische (christliche, allgemeine) Kirche, Gemeinschaft der Heiligen,	und an die Gemeinschaft der Menschen auf der ganzen Welt, die vor Gott heilig sind, wenn sie seinem Willen zum Guten hin gerecht werden,
Vergebung der Sünden,	ich glaube, dass ich Lieblosigkeiten verzeihen kann und mir Lieblosigkeiten verziehen werden können,
Auferstehung der Toten und das ewige Leben.	und ich glaube, dass das Kostbare und das Liebenswerte meiner Person und der Personen aller anderen Menschen und Lebewesen ewig erhalten bleibt.
AMEN	Ja, das glaube ich. Amen

Anmerkungen und Literatur

1. Hierzu die Enzyklika »Fides et ratio« von Papst Johannes Paul II., 1998.
2. Das Wort »Herr« erscheint in der Bibel sehr häufig, sowohl im Alten als auch im Neuen Testament. Im Alten Testament wird es oft als Übersetzung des hebräischen Wortes »Adonai« verwendet, während im Neuen Testament das griechische Wort »Kyrios« verwendet wird. Die genaue Anzahl der Vorkommen kann je nach Bibelübersetzung variieren. In der Lutherbibel zum Beispiel kommt das Wort »Herr« etwa 6.828-mal vor. Quelle: Copilot 14.8.2024 auf die Frage »Wie oft «Herr" in der Bibel?
3. Zum Thema: Hilberath, Bernd Jochen: geist-los? Geist, los!, Ostfildern 2023.
4. »Mein Königtum ist nicht von dieser Welt« (Joh 18,36)
5. Eine markante Zäsur setzt in dieser Hinsicht das I. Vatikanum mit dem sog. »Fideismus«, eine religionsphilosophische Erkenntnislehre, wonach sich Glaube und Vernunft prinzipiell ausschließen und dennoch – wider die Vernunft – am religiösen Glauben festzuhalten sei. Der Fideismus wird in der Enzyklika Fides et ratio (Glaube und Vernunft) von Papst Johannes Paul II. aus dem Jahr 1998 ausdrücklich verworfen. (Quelle: https://de.wikipedia.org/wiki/Fideismus)
6. Nach Psalm 18.
7. Sehr hilfreich sind die Beiträge im »Forum Grenzfragen« der Akademie der Diözese Rottenburg-Stuttgart, das von Dr. Hans-Hermann Peitz gestaltet und verantwortet wird. Hier finden sich zahlreiche Beiträge zum Thema Wissen und Glauben. https://www.forum-grenzfragen.de Gerne verweise ich auf eine sehr anschauliche Darstellung von Haszprunar, Gerhard: Neue Antworten für Hiob. HSt. Ottilien 2016. Eine ausführliche Darstellung der physikalischen Zusammenhänge ist zu finden bei Kalbhen, Paul: Glaube und Naturwissenschaft: Widerspruch oder Ergänzung? Überlegungen zur Existenz des christlichen Dreieinigen Gottes aus der Sicht der modernen Physik, 2016. Vergleichbar anschaulich stellt der Physiker Andreas Neyer die Zusammenhänge in seinem Werk dar: Am Boden des Bechers wartet Gott – Auf der Suche nach einem modernen Gottesbild, 2017. Wer einen tieferen Einblick in mathematisch-philosophische Zusammenhänge gewinnen möchte, sei das Werk von Cord Friebe et al. empfohlen: Philosophie der Quantenphysik. Einführung und Diskussion der zentralen Begriffe und Problemstellungen der Quantentheorie für Physiker und Philosophen, Berlin 2015.
8. Grundlegende Erkenntnisse gefunden habe ich bei Whitehead, Alfred North: Prozess und Realität, Berlin 1987. Er entfaltet den Gedanken

des »organistischen Realismus« als neue Perspektive, die nach meiner Auffassung unvermindert aktuell ist. Weitere wichtige Impulse habe ich bezogen aus den Schriften des Theologen und Paläontologen Pater Pierre Teilhard de Chardin SJ. Nicht zuletzt hat mich der berühmte katholische Theologe Hans Küng inspiriert, dessen Gedanken in seinen vorzüglichen Werken »Der Anfang aller Dinge« und »Existiert Gott?« eine wesentliche Grundlage für diese Schrift bilden. Beeindruckt hat mich auch der überragende Physiker Stephen Hawking, der es vermocht hat, sein grandioses Wissen so aufzubereiten, dass sich auch Laien eine Vorstellung davon machen können. In besonderer Weise berücksichtige ich die Theologie des indischen Jesuiten Francis D'Sa. Pater Francis habe ich 2010 bei einer Pastoralreise kennen gelernt, bei der ich den Bischof der Diözese Rottenburg-Stuttgart, Dr. Gebhard Fürst, begleiten durfte. Pater Francis versteht es in eindrucksvoller Weise, für ein tiefes Verständnis zwischen Kulturen und Religionen einzutreten, insbesondere zwischen dem Christentum und dem Hinduismus. Er stützt sich dabei auf den Theologen Raimon Panikkar, der für ein weit gefasstes Denken in kosmischen Dimensionen eintritt. Das ist für meine Gedanken in dem hier dargestellten Zusammenhang von besonderer Bedeutung. Beeindruckt haben mich die Gedanken des ehemaligen Direktors des Max-Planck-Instituts für Physik und Träger des alternativen Nobelpreises, Hans-Peter Dürr, mit seiner Sicht auf die physikalischen Zusammenhänge auf der Grundlage der Erkenntnisse der Quantentheorie. Inspiriert hat mich weiterhin die Dissertation »Gott im Werden« von Julia Enxing, Universität Dresden, die sich mit dem Lebenswerk von Charles Hartshorne befasst, dem Begründer der Prozesstheologie. Weitere Quellenhinweise in den nachfolgenden Angaben.

9   Diese Energiequelle war ein sogenannter »Schwarzer Körper«.
10 Max Planck, 1900.
11 Ernest Rutherford, 1911, Niels Bohr, 1913.
12 Nachzulesen zum Beispiel unter http://www.chemie.de/lexikon/Atom.html. Nach einer anderen Publikation soll der Durchmesser des Atoms im Vergleich zum Atomkern sogar 100.000 zu 1 betragen, siehe https://de.wikipedia.org/wiki/Atom .
13 Quelle: Wikipedia https://de.wikipedia.org/wiki/Petersdom.
14 Berechnet man den zusätzlichen Volumenanteil des Elektrons mit 0,1 Prozent des Atomkerns, ergibt sich ein Volumen Atomkern plus Elektron zu Gesamtatom von 1 zu rd. 990 Milliarden und 99 Millionen. Beträgt der Durchmesser des Atoms im Vergleich zum Atomkern 100.000 zu 1, ergibt sich eine Relation von einem Anteil zu rd. 10 Billionen Anteilen.

15 Ich verzichte bewusst zugunsten der durchgängigen Darstellung meines bildlichen Modells auf die Erklärung des sog. »Doppelspalt-Experiments« und auf weitere Darstellungen aus dem Wissensgebiet der Physik. Interessierten sei ein sehr aufschlussreiches Werk empfohlen: Sieroka, Norman: Philosophie der Physik: Eine Einführung, München 2014.

16 Die Physiker sprechen auch von einem »Kollaps der Wellenfunktion«.

17 Die sogenannte Heisenberg'sche Unbestimmbarkeitsrelation, benannt nach dem Physiker Werner Heisenberg, 1927. Sie besagt, dass zwei komplementäre Eigenschaften eines Teilchens nicht gleichzeitig beliebig genau bestimmbar sind, zum Beispiel Ort und Impuls.

18 Zweiter Hauptsatz der Thermodynamik: In einem geschlossenen adiabaten System kann die Entropie (frei übersetzt: Unordnung) nicht geringer werden. In einem adiabaten System erfolgt eine Zustandsänderung ohne Wärmeaustausch mit der Umgebung. Quelle: https://de.wikipedia.org/wiki/Zweiter_Hauptsatz_der_Thermodynamik. Ein adiabates System wird von einem Zustand in einen anderen überführt, ohne Wärme mit seiner Umgebung auszutauschen. »Adiabat« wird synonym zu »wärmedicht« verwendet. Quelle: https://de.wikipedia.org/wiki/Adiabatische_Zustandsänderung.

19 Erster Hauptsatz der Thermodynamik: Die gesamte Energie in einem abgeschlossenen System ist konstant. Quelle: https://de.wikipedia.org/wiki/Thermodynamik.

20 Der Spruch wird dem griechischen Philosophen Heraklit (ca. 520 bis 460 v. Chr.) zugeschrieben. In altgriechischen Worten: πάντα ῥεῖ.

21 Als Begründer der Urknalltheorie gilt der belgische Priester und Astrophysiker Georges Edouard Lemaître (1894–1966).

22 Die sogenannte »Singularität«.

23 Diese physikalisch nicht erreichbare Phase war maximal kurz, entsprechend der Planck-Zeit mit etwa 10^{-43} Sekunden und maximal heiß entsprechend der Planck-Temperatur mit etwa 10^{32} Kelvin.

24 Quelle: https://de.wikipedia.org/wiki/Dunkle_Energie.

25 Quelle: https://de.wikipedia.org/wiki/Dunkle_Materie.

26 Zu diesem Thema sehr inspirierend und daher empfehlenswert: Dennebaum, Tonke: Urknall, Evolution – Schöpfung: Glaube contra Wissenschaft?, Würzburg 2008.

27 Das (bekannte) Weltall besteht aus 10^{79} = 10 Tredezillionen Atomen. Nach Braun, Werner: Dimensionen der Welt, Teil 3. In: Abenteuer Universum, Internet-Publikation http://abenteuer-universum.de/kosmos/mikromakro3.html.

28 Zum Beispiel durch den Beschuss von Uran mit Neutronen, Versuch von Otto Hahn und seinem Mitarbeiter Fritz Straßmann, 1938. Quelle: https://www.mpic.de/3549655/die-entdeckung-der-kernspaltung

29 Für nähere Erläuterungen sei empfohlen: Lesch, Harald: Vom Rand der Erkenntnis • Stringtheorie • GUT • Weltformel. Quelle: https://www.youtube.com/watch?v=CXgsLbbSkoU.
30 Die Veränderungen der Naturkonstanten werden von wissenschaftlichen Instituten beobachtet. Näheres unter https://de.wikipedia.org/wiki/Physikalische_Konstante.
31 Die spezielle Relativitätstheorie wurde von dem berühmten Physiker und Nobelpreisträger Albert Einstein (1879–1955) erdacht und 1905 veröffentlicht.
32 Auch diese Erkenntnis geht auf Albert Einstein zurück.
33 Die allgemeine Relativitätstheorie ist ebenfalls eine geniale wissenschaftliche Leistung von Albert Einstein, veröffentlicht 1915.
34 Das ist eine sehr verkürzte Darstellung. Eine interessante Erklärung bei: Hawking, Stephen; Miller, Ron; Kober, Hainer: Eine kurze Geschichte der Zeit, Reinbek bei Hamburg 2011.
35 Die Beschreibung dieses Phänomens verdanken wir dem herausragenden Physiker Stephen Hawking (1942–2018).
36 Auch der Begriff »magische Fernwirkung« wird auf Albert Einstein zurückgeführt; er konnte sich unter anderem damit gar nicht anfreunden und hat sogar insgesamt die Quantentheorie in Frage gestellt.
37 Belegt hat dies 1964 der Physiker John Stewart Bell (1928–1990) durch die nach ihm benannte Bell'sche Ungleichung, die bis heute Bestand hat und besagt, dass die Wirklichkeit nichtlokal ist. Der Zustand der Lokalität kann nicht durch Variablen hergestellt werden. Letzteres beruht nicht auf dem Unvermögen in unserer Erkenntnis bzw. auf einer Wissenslücke, die Annahme, es gebe Variablen, konnte bisher nicht bestätigt werden.
38 Es ist übrigens kein ungewöhnliches Vorgehen, einen Beitrag zur Interpretation der Quantenphysik vorzustellen.
39 Der Indeterminismus ist auch zentraler Gegenstand der sog. »Kopenhagener Interpretation« der Quantentheorie.
40 Die sogenannte »instrumentalistische« Position.
41 Die sogenannte »realistische« Position.
42 So der Physiker Hans Peter Dürr (1929–2014), langjährig Direktor des Max-Planck-Instituts für Physik in München und Träger des alternativen Nobelpreises 1987. Elementarteilchen bestehen für ihn aus »Passierchen« oder »Wirks«. Das sind plastische und zutreffende Begriffe, eben weil sowohl in dem für uns nicht zugänglichen, riesigen Erkenntnisbereich und erst recht natürlich in unserer Wahrnehmungswelt ja tatsächlich etwas Wirksames passiert. In: Dürr, Hans-Peter: Es gibt keine Materie!, Amerang 2012.
43 Hierzu auch Nagel, Thomas: Geist und Kosmos. Warum die materialistische neodarwinistische Konzeption der Natur so gut wie sicher

falsch ist, Berlin 2012. Nagel lehnt in diesem Werk allerdings die Existenz Gottes ab, weil er der Auffassung ist »... dass es letzten Endes *eine* Weise gibt, in der die Naturordnung intelligibel ist: durch die physikalische Gesetzmäßigkeit nämlich – alles, was existiert, und alles, was geschieht, lässt sich im Prinzip mit den physikalischen Gesetzen erklären, die im physikalischen Universum herrschen.« a.a.O. S. 34. Anm. d. Verf.: Diesem Gedankengang folge ich ausdrücklich nicht, wie im nachfolgenden Text erläutert wird, auf den hier Bezug genommen wird.

44 »Pan«, griechisch »πᾶν«, bedeutet »alles« und »Psyche«, griechisch »ψυχή« bedeutet »Geist, Seele«. Quelle: https://de.wikipedia.org/wiki/Panpsychismus.

45 Klarzustellen ist, dass mit dem Begriff »Wirkpotenzial« keine physikalisch definierte Wirkung gemeint ist. Am ehesten besteht eine Analogie zum Begriff der »Actual Entity« bei Alfred North Whitehead. Die Übersetzung als »wirkliche Einzelwesen« oder »wirkliche Ereignisse« halte ich nicht für besonders glücklich, besser wäre zum Beispiel »wirkliche Seinsformen«.

46 Dieser Vorgang ist so kurz, dass er in unserem sinnlichen Vorstellungsvermögen als »zeitlos« gelten kann.

47 Der Begriff des Pandynamismus hat bereits zu Beginn des 20. Jahrhunderts eine Rolle gespielt und findet sich zum Beispiel bei Erich Becher (1882–1929): »Wenn wir das Psychische nicht von der Seite der inneren Wahrnehmung, sondern als im Gehirn wirksamen Faktor betrachten, so erscheint es als Kraft oder Kräftekomplex, der die Hirnvorgänge führend beeinflußt. Sehen wir aber auch in den psychischen Realitäten Wirkungsfähigkeiten oder Kräfte, so erweitert sich die oben angedeutete dynamistische Auffassung der materiellen Welt zu einer solchen der Gesamtwirklichkeit. Dieser Pandynamismus besagt freilich zunächst nur, daß seelische wie körperliche Weltbausteine Wirkungsfähigkeiten repräsentieren.« Aus: Schmidt, Raymund (Hrsg.): Die deutsche Philosophie der Gegenwart in Selbstdarstellungen, Seite 36 ff. Zitiert nach http://www.philos-website.de/index_g.htm?autoren/becher_erich_g.htm~main2. Anm. d. Verf.: Mein Denkansatz umfasst alles und nicht allein »seelische wie körperliche Weltbausteine« und erfährt somit eine erweiterte Bedeutung.

48 Dieser Gedanke ist nicht neu und findet sich in vielen Denkrichtungen. Mir kommt es darauf an, dass sowohl die Grundwirklichkeit als auch die Weltwirklichkeit vollständig untereinander in Beziehung stehen und sich wechselseitig beeinflussen. Es handelt sich damit nicht um eine dualistische Denkform, in der eine physische und eine geistige Welt getrennt voneinander zu denken ist. Karl Popper (1902–1994) sieht in seiner »Drei-Welten-Theorie« keine direkte Wechselwirkung zwischen seiner ersten Welt der physischen Zustände und seiner drit-

ten Welt der Ideen im objektiven Sinn, denkt aber eine Vermittlung über seine zweite Welt des Bewusstseins oder der geistigen Zustände; Vortrag »Eine objektive Theorie des historischen Verstehens« in: Popper, Karl R.: Auf der Suche nach einer besseren Welt, München 1987, 179 ff. Mir scheint dies aber nicht konsequent genug zu sein.

49 Von Weizsäcker, Carl Friedrich: Die Einheit der Natur, München 1982, 289.

50 Hier folge ich dem Gedanken des Panpsychismus, der allerdings nicht meint, dass alles aus »Psyche« besteht, wie der Begriff irreführend nahelegen könnte. Siehe auch Anmerkung im Folgenden. Näheres unter Brüntrup, Godehard: Philosophie des Geistes, Eine Einführung in das Leib-Seele-Problem, Stuttgart 2018.

51 Mit »Ideen« sind nicht nur die uns zugänglichen, mehr oder weniger kreativen Einfälle gemeint, die uns in den Sinn kommen, sondern auch Ideen im platonischen Sinn.

52 Ein zentraler Begriff im Werk des Jesuiten und Paläontologen Pierre Teilhard de Chardin JS (1881–1955).

53 Hier könnte eine Analogie zur »Drei-Welten-Theorie« von Sir Karl Popper C.H. naheliegen. Die »zweite« Welt nach Popper ist bei meinem Gedankengang keine eigene, sondern bildet allenfalls einen dynamischen Übergang zwischen Grundwirklichkeit und Weltwirklichkeit, die untrennbar und wechselseitig miteinander verbunden sind, s.o.

54 Der Vollständigkeit halber einige Erläuterungen zur »dunkle Materie«, die eine postulierte und nicht direkt sichtbare Form von Materie ist und über die Gravitation wechselwirkt. Ihre Existenz wird postuliert, weil im Standardmodell der Kosmologie nur so die Bewegung der sichtbaren Materie erklärt werden kann, insbesondere die Geschwindigkeit, mit der sichtbare Sterne das Zentrum ihrer Galaxie umkreisen. In den Außenbereichen ist diese Geschwindigkeit deutlich höher, als man es allein auf Grund der Gravitation der Sterne, Gas- und Staubwolken erwarten würde. Quelle: https://de.wikipedia.org/wiki/Dunkle_Materie

55 Dürr, Hans-Peter: Es gibt keine Materie!, Amerang 2012.

56 Dieser Begriff spielt auch in den weltanschaulich geprägten Veröffentlichungen von Hans-Peter Dürr eine große Rolle.

57 ... es sei denn, sie werden aktiv zertrümmert, was an dieser Stelle nicht weiter ausgeführt werden soll.

58 Schrödinger, Erwin: Was ist Leben?, München 1989.

59 Lesenswert für an dieser Thematik Interessierte: Collins, Francis S. und Feddersen, Arne: Gott und die Gene: Ein Naturwissenschaftler begründet seinen Glauben, Gütersloh 2007.

⁶⁰ In der Tiefenpsychologie in ihren verschiedenen Formen, zum Beispiel der Psychoanalyse, der analytischen Psychologie, der Individualpsychologie etc.

⁶¹ Eine lesenswerte Darstellung unter https://de.wikipedia.org/wiki/Bewusstsein.

⁶² Siehe auch die bereits erwähnten Quellen: Wikipedia https://de.wikipedia.org/wiki/Dunkle_Energie und https://de.wikipedia.org/wiki/Dunkle_Materie.

⁶³ Dieses Konzept hat der israelisch-amerikanische Medizinsoziologe Aaron Antonovsky (1923–1994) ausgearbeitet. Näheres unter https://de.wikipedia.org/wiki/Salutogenese.

⁶⁴ So hat der Bischof der Diözese Rottenburg-Stuttgart, Dr. Gebhard Fürst, den Gedanken einer »schöpfungsfreundlichen Kirche« entwickelt und dementsprechend – mit Unterstützung des Diözesanrats – Initiativen zur Schonung der Umwelt ins Leben gerufen.

⁶⁵ Der berühmte Physiker Albert Einstein soll gesagt haben: »Jedenfalls bin ich überzeugt, dass der [Herrgott] nicht würfelt.« Er hat auf der einen Seite seine Ablehnung der Quantentheorie, andererseits aber auch, so meine ich, seinen Glauben an einen fügenden Gott zum Ausdruck gebracht. Einstein wird aber auch von Atheisten für ihre Haltung vereinnahmt. Referenz: https://beruhmte-zitate.de/autoren/albert-einstein/zitate-uber-gott/.

⁶⁶ Zur Diskussion steht, ob Gott auf einen Teil seiner umfassenden Macht verzichten muss oder will. Diese Auffassung ist in der Prozesstheologie umstritten. Ich meine, dass Gott seine Schöpfung an seiner umfassenden Macht teilhaben lassen will. Wenn wir Menschen nach seinem Ebenbild geschaffen sind, liegt nahe, dass Gott auch uns an seinem Schöpfungswirken teilhaben lassen will. Und nicht zuletzt beten wir im Vaterunser »… Dein Wille geschehe …«

⁶⁷ Synthetische Evolutionstheorie.

⁶⁸ Lesenswert hierzu Schrödinger, Erwin, a.a.O. zum Zusammenhang zwischen Quantenphysik und Leben, Nr. 65: »Die Schwierigkeit, den Lebensvorgang mit Hilfe der gewöhnlichen physikalischen Gesetze zu deuten, braucht uns deswegen nicht zu entmutigen. Die Einsicht in die Struktur der lebenden Substanz, die wir gewonnen haben, lässt ja nichts anderes erwarten. Wir müssen bereit sein, hier physikalische Gesetze einer ganz neuen Art am Werk zu finden. Oder sollten wir lieber von einem nichtphysikalischen, um nicht zu sagen überphysikalischen Gesetz sprechen?«

⁶⁹ Vgl. Hans Kessler – im Rückgriff auf Whitehead: »Gott wirkt so, dass er dem psychischen oder mentalen Pol der Dinge neue Möglichkeiten präsentiert und so die Dinge zur Realisierung neuer Möglichkeiten

70   verlockt.« (https://www.forum-grenzfragen.de/wp-content/uploads/2011/12/kessler_allmacht.pdf, S. 23).
70   Dies ist die Botschaft der sogenannten »negativen Theologie«, mit der, vereinfacht dargestellt, die Richtigkeit konkreter menschlicher Vorstellungen über Gott abgelehnt werden.
71   Papst Benedikt XVI. (2005–2013), *16.4.1927 †31.12.2022.
72   Ich zitiere aus der Einheitsübersetzung.
73   Johannes 1,1–3.
74   An dieser Stelle sei auf die Logotherapie von Viktor E. Frankl (1905–1997) hingewiesen. Er verbindet das Wort Logos eng mit dem Begriff des Sinnes und baut unter anderem darauf seine therapeutischen Konzepte auf.
75   Johannes 1,4–5.
76   Johannes 1,9–14.
77   Johannes 6,51.
78   1. Johannes 4,16–21.
79   1. Korinther 13,4–8.
80   Johannes 17,20–26.
81   Der Jesuitenpater Francis D'Sa aus Indien beschreibt die ganzheitliche Wahrnehmung mit den Worten: »Ich will den anderen so verstehen, wie er sich versteht, damit er mich so versteht, wie ich mich verstehe.« Er meint mit dem Begriff »verstehen« ganz sicher nicht die allein vernunftgeleitete, objektive Sichtweise, sondern eher ein Sich-einfühlen-können in einen anderen Menschen, aber auch das Zulassen des Einfühlens anderer Menschen in die eigene Gefühlswelt.
82   Johannes 20,26–29.
83   Monod, Jaques: Zufall und Notwendigkeit, München 1971.

Über den Autor

Dr. med. Johannes Warmbrunn, Jahrgang 1954, ist Facharzt für Psychiatrie und Psychotherapie. Nach dem Abschluss seiner klinischen Ausbildung arbeitete er von 1988 bis 2020 im Sozialministerium und Wirtschaftsministerium des Landes Baden-Württemberg. Er ist in der katholischen Kirche engagiert, seit 2002 Mitglied im Diözesanrat der Diözese Rottenburg-Stuttgart, seit 2007 gewählter Sprecher und Mitglied des Präsidiums des Diözesanrats.

Danksagungen

Professor Dr. Bernd Jochen Hilberath, emeritierter Lehrstuhlinhaber für Dogmatische Theologie und Dogmengeschichte der Katholisch-Theologischen Fakultät der Universität Tübingen, bin ich für seine wertschätzende Beurteilung meiner Gedanken und meines Glaubensweges dankbar. Dr. Christiane Bundschuh-Schramm, Referentin für pastorale Theologie an der Hauptabteilung Pastorale Konzeption des Bischöflichen Ordinariats der Diözese Rottenburg-Stuttgart, Professor Dr. Michael Seewald, Lehrstuhlinhaber für Dogmatik und Dogmengeschichte an der Universität Münster, Dr. Heinz-Hermann Peitz, Leiter des Fachbereichs Naturwissenschaft und Theologie an der Akademie der Diözese Rottenburg-Stuttgart, und Johannes Röser, ehem. Chefredakteur der Zeitschrift Christ in der Gegenwart, danke ich für anregende und kritische Kommentierungen. Den Physikern Diakon Klaus Herberts aus Backnang, Dr. Matthias Keller aus Asperg und Diakon Professor Dr. Thomas Raiber aus Ulm bin ich für ihren zuvorkommenden, wohlwollenden und freundschaftlichen Rat dankbar. Meinem Bruder, Dr. Paul Warmbrunn, danke ich für sorgfältiges Korrekturlesen sowie für wertvolle und weiterführende Ratschläge.

Besonderer Dank gilt dem Grünewald-Verlag Ostfildern für die Ermöglichung dieses Buchs und Herrn Volker Sühs für die Betreuung bei der abschließenden Bearbeitung.

VERLAGSGRUPPE PATMOS
PATMOS
ESCHBACH
GRÜNEWALD
THORBECKE
SCHWABEN
VER SACRUM

Die Verlagsgruppe
mit Sinn für das Leben

Die Verlagsgruppe Patmos ist sich ihrer Verantwortung gegenüber
unserer Umwelt bewusst. Wir folgen dem Prinzip der Nachhaltigkeit
und streben den Einklang von wirtschaftlicher Entwicklung, sozialer
Sicherheit und Erhaltung unserer natürlichen Lebensgrundlagen an.
Näheres zur Nachhaltigkeitsstrategie der Verlagsgruppe Patmos auf
unserer Website www.verlagsgruppe-patmos.de/nachhaltig-gut-leben

Bibliografische Information der Deutschen Nationalbibliothek
Die Deutsche Nationalbibliothek verzeichnet diese Publikation in der
Deutschen Nationalbibliografie; detaillierte bibliografische Daten sind
im Internet über http://dnb.d-nb.de abrufbar.

Alle Rechte vorbehalten
© 2024 Matthias Grünewald Verlag
Verlagsgruppe Patmos in der Schwabenverlag AG,
Senefelderstr. 12, 73760 Ostfildern
kundenservice@verlagsgruppe-patmos.de
www.gruenewaldverlag.de

Umschlaggestaltung: Finken & Bumiller, Stuttgart
Umschlagabbildung: © neom / unsplash.com
Gestaltung, Satz: Schwabenverlag AG, Ostfildern
Druck: GGP Media GmbH, Pößneck
Hergestellt in Deutschland
ISBN 978-3-7867-3370-6